평범한 **샐러리맨에서** 불가리아 **라면왕이** 되기까지

도 브 레 팍!
미스터 팍!

도브레 미스터 팍!

지은이 | 박종태
펴낸이 | 김원중

편 집 | 심현정, 김현정
디자인 | 김윤경
마케팅 | 이상민
제 작 | 허석기
관 리 | 김선경

초판인쇄 | 2010년 4월 21일
초판발행 | 2010년 4월 27일

출판등록 | 제301-1991-6호(1991.7.16)

펴낸곳 | (주)상상나무
　　　　　도서출판 상상예찬
주 소 | 서울시 마포구 상수동 324-11
전 화 | (02)325-5191
팩 스 | (02)325-5008
홈페이지 | http://smbooks.com

ISBN　978-89-86089-29-5 (03320)

값 13,000원

* 잘못된 책은 바꾸어 드립니다.
* 본 도서는 무단 복제 및 전재를 법으로 금합니다.

평범한 샐러리맨에서 불가리아 라면왕이 되기까지

도브레 팍!
미스터 팍!

박종태 지음

상상예찬

● 프롤로그

훈련소 신병에서
직업군인이 되기까지

2009년 1월 KBS 1TV 〈지구촌 네트워크, 한국인〉이란 프로그램에 내 얘기가 소개된 적이 있다. '불가리아의 라면왕 박종태' 라는 제목으로 20분 정도 방송을 탔는데, 낯선 외국 땅에서 사업을 일구며 살아온 그간의 이야기가 주된 내용이었다. 그 후 방송을 본 한국의 몇몇 출판사에서 책을 출간하자는 제안을 해 왔다.

그들이 내게 보여준 관심은 고마웠으나, 아무리 생각해도 나 자신이 그리 내세울 게 없는 사람 같아서 출판사의 제안을 정중하게 거절했다. 그리고는 한 10년 후쯤, 정말로 '성공' 했다고 말할 수 있을 때 책을 내리라 마음먹었다.

그러다 문득 이런 생각이 들었다. 정상의 위치에 올라 사람들을 성공의 길로 인도하며 나처럼 해보라고 조언을 할 수 있다면 금상첨화겠지만, 성공했다고 자타가 인정하는 사람만 책을 내라는 법은 없지 않나? 대단한 위치에 오르진 않았어도 내가 가진, 조금은 남다른 경험과 깨달음을 사람들과 공유하는 것도 의미 있는 일이 아닐까? 훗날 뭔가 내세울 것이 있을 때 책을 내겠다는 생각 자체가 오히려 교만한 것은 아닐까?

지극히 평범하고 가진 것 없는 나는 불가리아에서 사업을 하며 오늘에 이르기까지 숱한 시행착오를 거치며 좌절과 실패를 경험했다. 군대에 비유해서 말하자면, 서른 살 이전 한국에서의 나는 제대로 된 군인이 되기 위해 교육 받던 '훈련소 신병' 과도 같았다. 사업에 대한 꿈은 있었지만 한국에서는 여건이 마련되지 않아 고민하다 '훈련소'

를 박차고 나가 불가리아란 '최전방'을 택했다. 그런데 불가리아에 와서 막상 부대껴 보니 최전방 정도가 아니라 총성이 난무하는 전쟁터 그 자체였다. 어리버리한 신병인 나는 부딪치고, 깨지고, 다치는 과정을 통해 전쟁터에서 살아남는 법을 스스로 터득했고, 이제는 준비된 '직업군인'이 되었다.

내가 이 책을 쓰게 된 이유가 바로 여기에 있다. 오늘날 불가리아에서 안정적으로 사업을 일구며 부끄럽지 않은 성과를 올리게 만든 특별한 능력이나 비법을 소개하는 건 관심도 없거니와 그럴 능력도, 비법도 없다. 부딪쳐서 무참히 깨지더라도 과감히 도전하고, 또 도전하며 실패를 겁내지 않았던 지난날의 나와 독자들이 함께 하며, 내가 울었던 지점에서 같이 울고 내가 웃었던 지점에서 같이 웃기를, 그리고 이 책을 통해 세상에 겁 없이 대들 용기가 생기길 바랄 뿐이다.

2010년 4월 불가리아 소피아에서

박 종 태

목 차

프롤로그 • 훈련소 신병에서 직업군인이 되기까지 4

 Chapter 1
레스노 꾸스노 부르조

특급호텔에서 열린 라면 신고식, "쇼를 하라!" 11
라면이 벌레 같다고? 19
맛의 달인들의 평가 22
라면의 유래와 세계평화 26
다시없는 도전과 기회의 땅에서 33
도브레 미스터팍 38
"난 베트남 사람이 아니에요!" 41
발로 뛰며 시장을 개척하다 46
※라면에 얽힌 재미있는 이야기 51

 Chapter 2
푸르디푸른 꿈을 안고

"비행기 처음 타시나봐요." 57
요구르트와 장미의 나라, 불가리아 63
꿈의 궤적을 돌아보며 72
우물쭈물하다 내 이럴 줄 알았다?! 82
풋내기 사업가의 시행착오 86
장사꾼의 눈을 벗어나 89
홈런보다는 잦은 1루타가 필요해! 93
※부여족과 불가리아인의 연관성 96

Chapter 3
인생의 고난은 동굴이 아니라 터널이다

느닷없이 날아든 사직서 101
솔깃한 동업제안 106
의류사업으로 대박을 꿈꾸다 110
잊을 수 없는 굴욕의 순간 114
포기는 배추를 셀 때나 쓰는 말이다 118
도전하라, 한 번도 실패하지 않은 것처럼 125
총구의 서늘한 감촉 131
회사의 주력사업을 찾아 138
라면의 대명사 미스터 팍 142

Chapter 4
내 삶의 중심, 초이스

임계점을 넘어서 151
초이스의 현재와 미래 155
위임하고 소통하며 펑펑 놀아라 158
하나님을 모르던 선데이 크리스천 165
크리스천에서 예수쟁이로 168
그때 암스테르담에 가지 않았더라면 173
100-1=0이요, 0+1=100이다 179
초이스를 불가리아에 보내주셔서 감사합니다 182
작은 촛불로 빛과 위안이 되리 188
아버지의 나라, 어머니의 나라 194

Chapter 5
그들이 있어 인생이 아름답다

아버지의 십팔번 203
아내와의 갈등을 넘어 216
인생역전의 사나이 루치 222
신데렐라맨 크라시 229
블라도와의 교감 237

에필로그 • 더 큰 도약을 준비하며 246

Chapter 1

레스노 꾸스노 부르조
(easy tasty fast)

특급호텔에서 열린 라면 신고식, "쇼를 하라!"

취재 나온 기자들과 구경꾼들로 호텔 앞이 북적거리기 시작했다. 회사 직원들인 제레프, 디미트로프, 츠베티와 함께 로비에서 행사 준비상황을 점검하고 있던 나는 차에서 내리는 기자들의 얼굴을 유심히 살폈다. 눈을 반짝이며 뭔가 기대하는 얼굴이 있는가 하면, 라면이 대체 뭐길래 이렇게 떠들썩하게 시식회를 하나 궁금해 하는 얼굴도 있었다. 혹은 업무상 마지못해 참석한 듯 심드렁한 얼굴도 보였다.

어리다면 어릴 수도 있는 나이 서른에 외국에서, 그것도 철의 장막 너머 불가리아란 낯선 나라에서 사업을 한답시고 우왕좌왕하던 나는 영어는 어느 정도 구사할 수 있었지만 불가리아어 실력이 아직 일천했다. 그래서 말이 막힐 때면 손짓 발짓까지 동원하며 보디랭귀지 구사에 힘썼고, 얼핏 들리는 몇 가지 단어와 상대의 표정, 몸짓,

태도 등을 종합해서 눈치로 때려잡는 내공이 상당한 수준에 올라 있었다. 그런 관점에서 보자면 기자들의 분위기가 대체로 우호적인 것만은 틀림없었다. 그러나 아직 쇼는 시작되지 않았고, 속단하긴 일렀다. 나름 치밀하게 준비했지만 사소한 실수나 뜻하지 않은 돌발상황이 벌어져 일을 망칠 수도 있었다.

내가 그들의 기대를 만족시킬 수 있을까? 반응이 영 시원찮으면 어떡하지? 만에 하나 행사를 망치면 어떻게 수습을 한다? 평소 어렵고 힘든 상황에서 오히려 강한 면모를 보이며 '강심장'이라는 소리를 듣던 나였지만, 그 순간만큼은 긴장감을 떨칠 수 없었다. 입이 바싹 마르고 손에 땀이 배어나면서 심장이 꽈악 조여들었다. 우황청심환 한 알쯤은 미리 챙겼어야 하는 건데… 후회막급이었다. 그러나 이제 쇼타임이 얼마 남지 않았다. 심호흡을 하고 세일즈 매니저인 제레프에게 물었다.

"주방엔 누가 가 있죠?"

"글쎄요… 거긴 셰프들한테 맡겨놨는데요."

"그래도 우리가 감독을 해야죠. 내가 가볼게요."

준비상황을 최종 점검하고 주방으로 발길을 돌렸다.

1991년 5월, 소피아 도심에 위치한 로디나 호텔. 힐튼이나 하얏트, 쉐라톤처럼 세계적으로 유명한 호텔 체인은 아니지만 훌륭한 시

● 1991년 5월 라면시식회가 열린 소피아의 로디나 호텔

설과 웅장한 위용을 자랑하는 곳이다. 이렇게 럭셔리한 호텔에서 값싼 인스턴트 음식의 대명사인 라면 시식회를 하다니! 너무 발칙한 생각이 아닐까 내심 걱정했지만 다행히도 언론에서 상당한 관심을 보였다. 만약 그 당시 불가리아에, 데모 군중들로 인해 처형된 루마니아의 독재자 차우세스쿠 정도의 빅 뉴스가 있었더라면, 혹은 '○○게이트' 류의 엄청난 부정부패가 드러나 세간이 시끌벅적했더라면, 내가 개최한 라면 시식회쯤은 조용히 묻히고 말았을 것이다. 그러나 다행히도 그 당시 불가리아엔 별다른 이슈거리가 없었다. 1989년 11월, 냉전의 상징이던 베를린 장벽이 무너지며 소련과 동유럽의 사회주의 체제가 붕괴되고 자본주의가 유입되면서 불가리아 역시 급속한 개방의 몸살을 앓고 있었고, 심각한 물자난에 허덕이고 있었다. 하지만 그것이 하루이틀의 일도 아니고, 단기간에 해결될

문제도 아니었기에 어느덧 익숙한 일상이 되어가고 있었다. 그러던 차에 동양에서 온 젊은 사업가가 라면이라는 새로운 식품을 소개하기 위해 호텔시식회를 한다고 하자 반색을 표하는 눈치였다.

오늘 행사만 잘 치르면 라면 홍보에 힘이 실려 판매실적으로 이어질 거라는 기대감과, 기자들까지 불러놓고서 이벤트를 망치면 끝장이라는 긴장감이 교차하는 가운데 긴 복도를 지나 주방 문을 열고 안으로 들어섰다.

주방 안에는 로디나 호텔의 셰프 외에도, 이미 전화 통화 및 초청장을 통해 모셔온 불가리아 전역의 유명 호텔 셰프들이 여럿 모여 있었다. 라면 시식회에 참석해 맛을 평가해 달라는 내 요청에 별다른 거부감을 표시하지 않아 다행이라 생각했는데, 하얀 조리복을 입고 팔장을 낀 채 떡하니 버티고 선 여섯 명의 셰프들을 대하고 보니, 범접할 수 없는 포스에 압도되었다.

어떤 이들은 호텔의 주방을 떠올리며 낭만적인 상상을 할지도 모른다. 그러나 한창 바쁜 식사시간에 호텔 주방을 들여다보지 않은 사람이라면 말을 하지 마시라. 식당에서야 잔잔한 음악이 흐르는 가운데 종업원들의 깍듯한 서비스를 받으며 손님들이 우아하게 식사를 하지만 주방은 그야말로 전쟁터나 다름없다. 뜨거운 불, 날카로운 칼, 수십 수백가지의 식재료를 다루며 정해진 시간 안에 한 치의 실수도 없이 완벽한 요리를 내놔야 하는 만큼, 강인한 체력과 투철한 프로의식과 고도의 긴장감을 유지해야 하는 게 바로 요리사다. 여러 직업군 가운데 군기가 세기로 둘째가라면 서러운 게 아마 요리사와 의사일 것이다. 내 앞에 선 여섯 명의 셰프들 역시 살벌한 주방에서 다지고 다져진 단단함과 깐깐함, 녹록지 않은 카리스마가 느껴졌다.

소고기 콩소메풍의 고구마 뮈니에르를 곁들인 거위 간, 아스파라거스를 곁들인 허브크림 소스의 농어와 생선무스 호박말이, 아틀란틱 연어 콩피와 칠리로 맛을 낸 망고스틴 어쩌고 저쩌고 등등…. 이름도 외우기 힘든 고급 요리를 척척 만들어내는 베테랑 셰프들에게 인스턴트 음식인 라면을 평가받는 일은 두꺼운 안면근육과 두둑한 배짱을 필요로 했다. 그러나 이곳 시장에 라면을 소개하기 위해선 획기적인 이벤트, 한마디로 '쇼'가 필요했고 그 '쇼'가 성공해야만 다음을 도모할 수 있었다.

나는 셰프들의 카리스마에 위축된 티를 안 내려고 안면근육을 최대한 움직이며 활짝 웃었다.

"시식회를 위해 이렇게 와주셔서 감사합니다. 불가리아 최고의 셰프들이 한 자리에 모이기도 쉽지 않은데, 뭐랄까? 축구 올스타전을 보는 느낌인데요?"

그들이 좋아하는 축구 얘기를 꺼내며 비위를 맞춰주자 셰프들의 표정이 아주 조금 부드러워졌다.

"나중에 저랑 기념사진 찍어주는 센스, 잊지 마시고요… 라면 끓일 준비는 다 됐습니까?"

그들은 불 위에 올려진 커다란 냄비 몇 개를 거만하게 턱으로 가리켜 보였다. 다가가서 냄비를 들여다 본 내 입에서는 허걱~소리가 절로 나왔다. 냄비 하나에 라면 다섯 개씩을 넣어 끓이려고 했는데 어떤 냄비는 빠져 죽을 만큼 물이 넘실거렸고, 다른 냄비는 물이 저 아래 바닥에 다소곳이(?) 고여 있었다. 설상가상으로 또 다른 냄비는 아직 불도 안 켠 상태에서 라면과 스프가 물속에 투하돼 서서히 불어가는 중이었다.

"오 마이 갓!!!"

탄식과 함께 땅이 꺼지게 한숨을 쉬자 셰프들의 얼굴에 당황한 표정이 스치더니 슬금슬금 내 눈치를 보기 시작했다. 처음부터 내가 준비를 했어야 했는데 실수했다는 생각이 들었다. 아무리 베테랑 셰프라 해도 라면이 뭔지도 모르는 사람들 아닌가? 시계를 보니 시간이 얼마 없었다. 정신을 가다듬고 표정을 수습한 후 그들에게 차근차근 설명했다.

"라면을 끓일 땐 물이 이렇게 넘쳐도 안 되고, 너무 부족해도 안 됩니다. 끓지도 않은 상태에서 라면을 넣는 것도 안 될 말이구요. 이러면 제 맛이 안 나거든요. 아무래도 라면 준비는 제가 해야 할 것 같네요."

 주방을 꽉 잡고 있는 셰프들이지만 듣도 보도 못한 라면을 끓이는 일은 다들 피하고 싶은 눈치였다. 그래서인지 너그러운 미소를 지어 보이며 흔쾌히 내게 칼자루를 넘기고 뒤로 물러났다.

 나는 소매를 걷어붙이고 냄비의 물을 알맞게 조절한 다음 라면 조리법을 읊어대며 준비에 들어갔다.
 "라면이 생소한 음식이라 여러분이 서툰 건 사실 당연합니다. 하지만 익숙해지면 라면만큼 싸고 간편하고 맛있는 음식도 없어요. 이렇게 봉지에 표시된 만큼 물을 붓고 팔팔 끓을 때까지 기다린 다음 면과 스프를 넣어 3분 정도 끓이면 돼요. 어때요? 정말 간단하죠?"
 셰프들은 정말 그렇게 간단하게 조리가 될까 싶어 반신반의했다. 하지만 물이 끓고 라면과 스프를 투하한 후 정말로 3분 만에 면이 익으며 맛있는 냄새가 솔솔 나자 신기한 듯 웅성거리기 시작했다. 나는 의기양양한 표정을 지으며 여보란 듯 그들 코앞에 라면 그릇을 내밀었다. 그런데 라면을 보고 셰프 중 한 사람이 이렇게 말했다.
 "우욱!!! 벌레 같이 생겼잖아!"
 드디어 올 것이 오고야 말았다. 내가 가장 걱정하던 반응 중에 하나가 '벌레 같다'는 말인데, 여기서도 그 말을 듣게 될 줄이야. 벌레 같다고 말한 셰프를 보니 미국 폭스TV에서 인기리에 방영된 헬스

● 셰프 페네프는 폭스TV의 고든 램지 만큼이나 눈매가 날카롭고 카리스마가 대단했다.

키친^{Hell's Kitchen}의 고약한 셰프 고든 램지^{Gordon Ramsay}만큼이나 눈매가 매서웠고, 덩치가 산만한 게 소도 때려잡을 것 같았다. 저 몸집에 벌레를 운운하며 질색하다니, 안 어울리게 웬 호들갑? 그런데 더 가관인 것은 라면이 벌레 같다는 그의 말에 다른 셰프들도 격하게 공감을 표시하며 맞장구를 치는 거였다. 심지어는 라면 냄비에서 뒤로 몇 발짝 물러나는 사람도 있었다. 오 마이 갓! 라면이야말로 식품업계가 낳은 20세기 최고의 발명품이자 걸작이라고 누가 그랬더라? 그런데 벌레 같다는 말 한마디에 천덕꾸러기가 되다니, 이 무슨 굴욕인가. 우쭐했던 것도 잠시, 다리의 힘이 확 풀렸다.

● ● ●
라면이 벌레 같다고?

낯선 음식을 먹는다는 것은 어떻게 보면 모험이고, 상당한 용기가 필요한 일이다. 미국의 베트남 쌀국수 체인인 〈포호아〉에 가보면 '초보자를 위한 메뉴', '보통분들을 위한 메뉴', 그리고 '모험가의 선택'이라는 메뉴가 있을 정도니 말이다. 고수의 향취에 익숙치 않은 사람이 쌀국수를 먹는 것은 때로 '모험' 그 이상일 수도 있다.

라면도 그와 마찬가지다. 면에 소스를 끼얹어 먹는 파스타에 익숙한 사람들이 물에 끓여서 뜨거운 국물째 면을 먹는 것은 너무나 생소하고 낯선 경험이었다.

1990년 난생처음 해외출장으로 불가리아에 갔을 때, 그곳 사람들이 라면 먹는 것을 보고 깜짝 놀랐던 기억이 있다. 물에 라면을 넣고 끓여 먹는 것이 아니라, 라면에 뜨거운 물을 붓고는 한참을 기다렸다 퉁퉁 불려서 먹는 게 아닌가? 아니면 국물이 자작자작하게 졸여 먹거나, 끓여서 국물을 버린 다음 소스를 끼얹어 스파게티처럼 비벼 먹기도 했다. 후룩후룩 소리를 내며 뜨거운 국물과 쫄깃한 면발을 즐겨야 제대로인데, 왜 그럴까?

알고 보니 유럽에는 뜨거운 국물이 있는 요리가 거의 없었다. 그들이 즐기는 스프나 스튜도 그저 따뜻하거나 미적지근한 수준이지, 후후 불어가며 먹을 만큼 뜨끈한 국물 요리는 없는 셈이다. 더구나 유럽인들은 음식을 먹을 때 후루룩 후루룩 소리를 내는 건 매너가 아니라고 생각한다. 그래서 라면이 따뜻한 수준으로 식기를 기다렸다가, 퉁퉁 불어터진 면을 소리 없이 우아하게(?) 먹을 수밖에 없는 것이다. 호기심에 나도 그들 방식대로 라면을 먹어보았는데, 뭐 못 먹을 정도는 아니었다. 하지만 '이건 아니잖아!' 하는 생각이 절로 들었다. 지금 생각해 보면, 불가리아 사람들에게 국물째 먹는 뜨거운 라면을 소개함으로써 단순히 새로운 식품을 소개하는 차원을 넘어 새로운 식문화를 만들리라는 야심찬 생각을 그때부터 했던 것 같다.

그래도 퉁퉁 불려 먹든, 스파게티처럼 소스에 비벼먹든, 라면이라는 생소한 외국 식품을 먹는 사람들은 그나마 모험가적인 기질이 있는 축에 속했다. 보수적인 사람들은 동양의 낯선 식품 자체를 꺼리며 거부감을 보이기도 했다. 별로 인정하고 싶지는 않지만 라면의 꼬불꼬불한 면발이 어떻게 보면 벌레처럼 보일 수도 있다. 사실 라면이 벌레 같다는 말을 로디나 호텔의 주방에서 처음 들은 건 아니었다. 처음으로 한국에서 라면을 수입해 우리 회사 직원들에게 보여줬을 때도 비슷한 반응을 보였었다. 또한 앞으로도 상당 기간은 들을 수밖에 없는 말이었다. 생소한 외국 식품을 소개하자면 이만한 어려움쯤이야 감수할 수밖에 없었다.

라면이 벌레 같다는 말에 내심 당황했지만, 이 난감한 상황을 어떻게든 수습해야 했다. 일단 그 말을 한 셰프를 콕 찝어 이렇게 물었다.

"실례지만 성함이 어떻게 되시죠?"

"페네프라고 합니다만."

"미스터 페네프! 낯선 음식이라 처음엔 거부감이 들 수도 있어요. 하지만 맛을 보고 나면 생각이 달라질 겁니다. 아마 이보다 더 맛있는 벌레는 없을걸요?"

내가 큰소리를 치자 그는 어깨를 으쓱하며 '글쎄…' 하는 제스처를 보였다. 다른 셰프들도 비슷한 반응이었다. 말로 백 번 떠드는 것보다 한 번의 시식으로 분위기를 반전시킬 수밖에 없었다. 그래도 맛 하나만은 자신 있었기에 두고 보자는 심정으로 정성껏 라면을 끓였다.

맛의 달인들의 평가

● 라면 시식회가 열렸던 중식당

잠시 후 로디나 호텔 2층의 널찍한 중식당에서 라면 시식회가 열렸다. 닭고기, 소고기, 야채, 버섯, 새우, 커리, 이렇게 6가지 맛의 라면을 준비했다. 따뜻한 국물째 먹는 라면에 익숙지 않은 사람들을 위해서는 끓여서 식힌 면에 토마토 소스나 치즈를 얹은 라면도 따로 준비했다. 물론 한국의 라면처럼 매운맛은 없었고 유럽인들의 식성과 기호를 충분히 고려한 것들이었다. 매운맛은 일단 맛을 들이면 중독성이 생겨서 브랜드 충성도가 갈수록 높아지지만, 유럽인들에게 시도하는 건 좀 무리였다. 요즘 한국 사회에 한식의 세계화 바람이 불며 여러 가지 논의가 활발한데, 매운맛에 대한 거부감을 극복하는 것은 상당히 어려운 과제이다.

TV와 라디오, 신문 등 여러 매체의 기자들과 카메라맨, 호텔 관계자와 식품 유통업자들로 실내가 꽉 찬 가운데 행사가 시작됐다. 사회자의 인사말에 이어 내가 앞으로 나가 행사의 취지를 설명하고 라면을 소개했다. 그 다음은 오늘의 하이라이트인 라면 시식. 여러 가지 라면이 테이블에 척척 놓이고, 맛의 달인이라 할 수 있는 셰프들이 맛을 보기 시작했다.

나는 가슴을 졸이며 셰프들의 얼굴을 유심히 지켜보았다. 특히 라면이 벌레 같다며 유난히도 징그러워하던 페네프에게 시선을 고정시켰다. 뭔가 내키지 않는 표정을 지으며 포크와 나이프로 라면을 툭툭 건드리던 그는 면발을 쥐똥만큼 자르더니 국물에 살짝 담갔다가 입에 쏙 집어 넣었다. 요리를 소재로 한 만화와 영화, 드라마를 보면 최고의 베테랑 셰프치고 음식을 복스럽게 먹는 법이 없다. 열이면 열, 손톱만큼 작게 잘라 오물거리며 맛을 보곤 한다. 정말로 그래야만 맛을 제대로 평가할 수 있는 건지, 아니면 상대의 기를 죽이기 위한 쇼맨십인지 알 수가 없다. 아마 다른 때 같았으면 그런 모습에서 진정한 고수의 내공을 느꼈겠지만 그날만은 왠지 셰프들이 얄밉게 보였다.

아무 표정 없는 얼굴로 라면을 오물거리는 페네프를 보고 있자니, 맛이 없어서 저러나 싶었다. 불안한 마음에 다른 셰프들은 어떤가 보려고 시선을 돌리는 순간, 페네프의 표정에 변화가 생겼다. 못마땅하고 뚱한 표정이 한결 부드러워지더니, 눈이 반짝 빛나며 살짝 놀라는 것 같았다. 입맛이 동한 듯 이번엔 포크로 라면을 둘둘 말아 입속에 집어넣었다. 옳거니! 다른 셰프들을 보니 그들 역시 주방에서보다 한결 밝은 얼굴로 라면 맛을 음미하고 있었다. 그때 셰프 중의 한 사람이 이렇게 말했다.

"꾸스노!"

'꾸스노'는 불가리아말로 '맛있다'는 뜻이다. 짧지만 모든 것이 함축된 이 말에 일단 가슴을 쓸어내렸다. 그러자 다른 셰프들이 입을 열었다.

"면이 부드럽고 고소하군요."

"국물이 진하고 맛있어요."

"빵하고 같이 먹기 딱 좋은데요."

"5분도 안 걸려서 이렇게 맛있고 간단한 한 끼 식사를 만들 수 있다니, 놀라운데요?"

이제 페네프가 평가할 차례였다. 그는 잠시 망설이더니 딱 세 단어로 평을 했다.

"레스노, 꾸스노, 브루조."

레스노, 꾸스노, 브루조는 영어로 하면 easy, tasty, fast다. 페네프의 평가에 가슴을 짓누르고 있던 묵직한 돌덩이가 치워진 느낌이었다. 가만히 있을 수 없어 나도 몇 마디 거들었다.

"그렇습니다. 라면은 값이 저렴하면서도 맛있고, 간편하고, 한 끼 식사로 손색이 없는 음식입니다. 불가리아의 물자난, 식량난을 해결하는 데 라면이 조금이나마 도움이 되길 바랍니다."

기자들은 진지한 표정으로 닭고기, 소고기, 야채, 버섯, 커리, 새우 중 어떤 게 제일 맛있냐고 물었다. 내 예상대로 셰프들은 대부분

닭고기 맛을 으뜸으로 쳤다. 페네프의 세 단어 평가가 유난히 기억에 남았던 나는 이후 라면 광고의 카피 문구를 "레스노, 꾸스노, 브루조"로 했다. 현재 불가리아 및 세계 약 25개국에 우리 회사 라면을 수출하고 있는데 셰프들의 평가처럼 닭고기 맛 라면이 전 세계적으로 가장 큰 인기를 누리고 있다.

무사히, 아니 생각보다 훨씬 성공적으로 시식회를 마친 나는 갑자기 긴장이 풀리자 한숨 푹 자고만 싶었다. 하지만 마무리해야 할 일이 산더미 같았다. 식품 유통업자들과 이런저런 이야기를 나눈 다음 행사를 도와준 호텔 관계자들에게 인사를 하고 돌아서는데, 페네프가 보였다. 산만한 덩치가 무색할 만큼 순박하고 해맑은 미소를 띠며 내게 다가왔다.

"미스터 박. 라면 잘 먹었습니다."

"맛있게 드셨다니 다행입니다."

"근데 한국 사람들도 라면을 많이 먹습니까? 라면이 언제부터 생긴 음식이죠? 역사가 오래됐나요?"

지적 호기심이 왕성해서 그런지, 아니면 라면을 벌레 같다고 한 게 미안해서 그런지, 그것도 아니면 라면에 대한 내 지식을 테스트하고 싶은 건지, 페네프는 쉴 새 없이 질문을 던졌다. 나는 내가 가진 지식을 총동원해 라면의 유래를 설명하고 라면 예찬론을 펼쳤다.

라면의 유래와 세계평화

면을 증숙시킨 후 기름에 튀긴 것, 또는 기름에 튀기지 않은 건면에 분말스프를 합친 것을 일반적으로 라면이라고 한다. 조리가 간편하고 가격이 저렴하다는 특성 때문에 '제2의 쌀'로 불리는 라면은 20세기 최고의 음식 발명품으로 평가되기도 한다.

현대적 라면을 최초로 개발한 나라는 일본이다. 우리가 오늘날 먹고 있는 대부분의 라면은 기름에 한 차례 이상 튀겨낸 유탕면인데, 면을 기름에 튀기는 방식은 사실 일본이 최초로 개발한 것은 아니고, 뭐든지 기름에 튀기는 것을 좋아하는 중국인들의 식습관에 기인한 것이라고 한다.

라면의 유래는 대체로 두 가지 설이 있다. 그중 하나는 중일전쟁 당시 중국을 침략한 일본 관동군이 중국인들이 건면을 비상식량으로 보관하는 것을 보고, 종전 후 이를 개발했다는 설이다. 다른 하나는 중국과 상관없이 일본인들이 독자적으로 개발했다는 설이다. 병조림이 유럽 원정길에 나선 나폴레옹의 군대를 위해 개발되었고, 이것이 훗날 통조림으로 발전한 것과 마찬가지로 라면 역시 전쟁의 냄새가 짙게 배어있는 음식이다.

제2차 세계대전에서 패배한 일본은 심각한 식량 기근에 시달리게 되었고, 미국은 이런 일본에 우리에게도 그러했듯이 잉여농산물인 밀가루를 무상 원조해주었다. 일본은 이 밀가루로 빵을 만들어 공급했는데, 오랫동안 쌀을 주식으로 삼았던 일본인들에게 빵은 뭔가 허전하고 부족하게 느껴졌다.

● 라면을 발명한 일본의 안도 모모후쿠

그 무렵 타이완계 일본인인 안도 모모후쿠安藤百福 역시 동양의 식문화에는 빵이 어울리지 않는다고 생각했고, 밀가루를 이용한 새로운 식품개발에 관심을 갖고 있었다. 그러던 어느 날, 라면집 앞에 사람들이 길게 줄을 서 있는 광경을 보고 좀 더 간편하게 라면을 먹을 방법이 없을까 생각하게 되었다.

"영양이 풍부하고, 맛이 좋고, 보관성이 우수하면서도 누구나 쉽게 조리해서 먹을 수 있는, 그런 식품이 필요해!"

그는 전 재산을 투자해 연구에 연구를 거듭하며 오직 밀가루에만 파묻혀 살았다. 그러나 몇 년 동안의 연구가 실패로 돌아가면서 가진 돈을 모두 날리고 결국 파산하게 되었다. 주위 사람들은 그런 그를 미친 사람 취급하며 비웃었고, 자살을 생각할 만큼 절망적이었던 그는 술에서 위안을 찾을 수밖에 없었다.

그러던 어느 날, 그날도 어김없이 술집을 찾았다. 매일같이 술집에 출근도장을 찍는 안도가 귀찮았는지 술집 주인은 등을 돌리고 서서 말없이 어묵을 튀기고 있었다. 그런데 그걸 지켜보던 안도의 게슴츠레한 눈이 실로 오랜만에 반짝 빛나며 입에서는 탄성이 터져나왔다.

"바로 저거야!!"

그러자 술집 주인은 안타까운 표정으로 그를 보며 혼잣말을 중얼거렸다.

"완전히 미쳤구만. 쯔쯔… 저 사람이 저렇게 망가질 줄 누가 알았겠어…."

그러나 안도는 아랑곳하지 않고 술집 주인이 조리하는 모습을 지켜보았다. 끓는 기름에 밀가루 반죽으로 된 어묵을 넣는 순간 밀가루 속에 있던 수분이 순간적으로 빠져나오고, 튀김이 끝난 음식에 작은 구멍이 무수하게 생기는 것을 관찰한 것이다.

"그래, 저 어묵 튀기는 원리를 응용하는 거야!"

연구실로 달려간 그는 먼지가 수북히 쌓인 기구들을 다시 꺼내 실험준비를 했다. 우선 밀가루를 국수로 만들어서 기름에 튀겨 보았다. 성공이었다. 국수 속의 수분이 증발하고 국수가 익으면서 속에 작은 구멍이 무수히 생기는 것이었다. 이것을 건조시켰다가 뜨거운 물을 부었더니, 이번엔 작은 구멍에 물이 들어가면서 부드럽고 먹음직스런 국수로 풀어지는 것이었다. 게다가 며칠을 보관해도 맛에 변함이 없었다.

"됐다! 성공이다!!"

1958년 8월, 전 세계인이 즐겨 먹는 인스턴트 라면의 탄생은 안도 모모후쿠의 한 평짜리 창고에서 이뤄낸 쾌거였다.

"기업은 사람에 달렸고, 성업은 하늘에 달렸다."라는 말을 남기고 세상을 떠난 그는 죽기 하루 전날까지 직원들과 점심으로 라면을 먹을 만큼 라면사업에 열정을 쏟아 부은 사람이었다. 지진이나 홍수로 큰 피해를 입은 나라, 혹은 분쟁지역에 구호품으로 라면을 아낌없이 보냈고, "식량이 넉넉해야 세계평화가 온다."는 말을 평생의 좌우명으로 삼았다.

우리나라에서 라면이 처음 만들어진 것은 1963년. 현 삼양식품 그룹의 전중윤 회장은 60년대 초 우연히 남대문 시장을 지나가던 중, 한 그릇에 5원 하는 꿀꿀이죽을 사먹기 위해 사람들이 길게 줄을 선 것을 보고 비통함을 느꼈다고 한다. 국내 식량자급문제 해결이 시급

● 1963년 우리나라에 첫선을 보인 삼양라면

하다고 판단한 전 회장은 해결책을 모색하다가 일본에 출장 가서 먹었던 라면을 떠올렸고, 라면이야말로 식량부족을 해결할 유일한 방법이라 생각했다. 그는 상공부를 설득해 어렵게 5만 달러를 빌어 일본 명성식품으로부터 2대의 기계와 기술을 도입했고, 마침내 1963년 9월 15일 삼양라면을 탄생시켰다고 한다.

삼양라면이 처음 나왔을 당시 주황색 포장지에 중량은 100g, 가격은 10원이었다. 그러나 전 회장의 기대와는 달리 삼양라면에 대한 소비자들의 반응은 의외로 냉담했다. 오랫동안 곡류 위주의 식생활을 해온 우리나라 사람들은 라면의 '면'을 무슨 섬유나 실의 명칭으로 잘못 알고는 사 먹기를 꺼렸다.

아무리 홍보를 해도 판매가 지지부진하자 삼양식품은 캠페인 성격의 무료 시식회를 유동인구가 많은 역이나 극장 앞, 공원 등에서 실시했다. 처음에는 꺼리던 사람들도 시식회에서 직접 먹어 보고는 라면의 참맛을 알게 되었고, 정부의 분식장려운동과 함께 급속도로 퍼져나갔다.

내가 처음 라면을 먹어본 건 초등학교 1학년 때로 기억된다. 왕십리 비석거리 산꼭대기, 바위산에 돌을 깨어내고 무허가 주택을 지어 옹기종기 모여 살던 곳. 바로 그곳에 우리 집이 있었다.

지금이야 피자에 햄버거에 치킨에, 맛있는 음식들이 넘쳐나지만 다들 못 먹고 못살았던 그 시절엔 최고로 맛있고 사치스런 음식이 자장면이었다. 그러나 자장면을 먹을 수 있는 날은 일 년에 겨우 한두 번 정도? 뭔가 대단하게 칭찬받을 일을 하거나, 집안에 특별한 경사가 있지 않는 한 좀처럼 구경하기 힘든 귀한 음식이었다. 그러던 차에 라면이 새로운 먹을거리로 각광받기 시작했는데, 결코 비싼 음식이 아니었지만 어려운 우리 집 형편에는 그마저도 부담스러웠다. 그래서 라면은 내게, 그림의 떡이나 마찬가지였다.

그러던 어느 날, 우리 집보다 조금 잘 사는 현철이네 집에 놀러갔는데, 희한하게 구수하고 맛있는 냄새가 코끝을 자극하는 거였다. 냄새에 이끌려 부엌으로 가보니 현철이 어머니께서 뭔가를 끓이고 계셨다.

"배고프지? 라면 다 돼 가니까 조금만 기다려."

라! 면! 광고에서나 보던, 말로만 듣던 그 라면을 내가 정말 먹게 되다니. 이게 웬 떡이냐 싶었다. 현철이 어머니가 라면을 내오자 놀러갔던 친구들은 우르르 상에 달려들어 정신없이 먹기 시작했다. 보들보들하면서도 쫄깃한 면발에, 진하고 구수한 닭고기 국물. 세상에 이런 맛도 다 있구나! 처음 먹어보는 라면의 그 황홀한 맛에 잠시 정신을 놓았다가 상을 내려다보니 어느새 그릇들이 깨끗이 비워져 있었다.

집에 돌아온 나는 그 후로 틈만 나면 라면을 사달라고 어머니를 졸라댔다. 그럴 때면 어머니는 "라면? 그거 별로 맛없다던데."하며 내 요구를 일축했지만 이미 라면 맛을 알아버린 내겐 설득력 없는 변명이었다. 내가 좀처럼 물러설 기미를 안 보이자 결국 어머니는 라면을 사주는 대신 조건을 내걸었다.

"다음에 산수 100점 맞으면, 그때 사줄게."

공부 잘 한다는 소리를 듣긴 했어도, 100점을 맞아본 적은 한 번도 없었다. 그러나 라면을 먹기 위해서라면, 불가능 그것은 아무 것도 아니었다. 비장한 각오로 산수 공부에 매달린 나는 다음번 시험에서 정말로 100점을 맞고야 말았다. 개선장군처럼 의기양양하게 100점 맞은 시험지를 내밀자, 어머니의 얼굴빛이 살짝 변했다.

"우리 종태가 공부 열심히 했구나."

"100점 맞았으니까 라면 사주실 거죠? 그죠?"

"근데, 산수만 100점 맞으면 어떡하니. 전 과목 100점 맞으면 사준다고 했잖아."

"어? 아니에요! 분명히 산수 100점 맞으면 사주신다고 했어요."

"글쎄… 내가 그랬었나? 아닌 것 같은데."

어머니의 예상치 못한 말 바꾸기(?)에 절망했지만, 라면에 대한 열망은 그보다 열 배 백 배 강했던 모양이다. 고3 수험생도 아닌 초등학생이 죽기 살기로 열심히 공부한 결과, 전 과목에서 100점을 받는 쾌거를 이루고야 말았다! 다음날 저녁, 할 수 없이 라면 세 봉지를 사들고 오신 어머니는 나를 보며 이런 생각을 하셨던 것 같다.

'독. 한. 놈.'

식구는 여섯인데 라면은 달랑 세 봉지. 여러 모로 지혜로운 어머니는 라면에 칼국수를 넣어 6인분으로 양을 불리는 센스를 발휘하셨다. 친구 집에서 먹은 것처럼 진한 맛은 아니지만, 그래도 우리 가족들은 라면 칼국수 한 그릇에 눈물 나도록 행복했다. 세계평화까지는 아니어도 라면에 굶주린 내 뱃속에만큼은 실로 오랜만에 평화가 찾아왔다.

다시없는 도전과 기회의 땅에서

처음부터 라면사업을 하기로 작정하고 불가리아에 온 것은 아니었다. 평생 나하곤 아무 상관도 없을 것 같은 불가리아에 처음 발을 들여놓게 된 것은 해외출장 때문이었다. 과거 공산당이 집권했던 시절부터 '동구의 실리콘밸리'로 불리며 정보기술 산업이 발달해 있던 불가리아는 개방과 함께 국가 차원에서 PC를 대량 구매하는 프로젝트를 추진 중이었다. 마침 그 무렵 3년차 직장인으로서 무역회사에 근무하던 나는 PC구매 계약을 위해 불가리아로 첫 해외출장을 가게 되었다. 그게 1990년 8월경의 일이다.

수십 년간 구소련과 동유럽을 지배하던 사회주의 체제가 무너지고 개혁, 개방과 함께 민주주의와 자본주의의 물결이 밀려든 그 당시의 불가리아는 전후를 방불케 할 만큼 어수선했고 특히 물자난이 심각했다.

원래 사회주의 체제하에서는 필요한 물품 구매를 계획하고, 실행하고, 유통시키는 것이 모두 국가 소관이었다. 그런데 국가가 주도하는 계획경제 시스템이 하루아침에 무너지자 모든 것이 엉망이 됐다. 거리의 상점들은 물건을 공급받지 못해 텅텅 비었고, 사람들은 식료품과 생필품을 구하지 못해 발을 동동 굴렀다. 일부 약삭빠른 상인들이 미리 물건을 사재기해 값을 올리는 바람에 물자난은 더욱 심각해졌다.

언제 물건이 들어올지 모르는, 기약 없는 상황이라 소피아 사람들은 항상 장바구니나 비닐봉투를 휴대하고 다녀야만 했다. 특히 그때는 상점에서 물건을 담아주는 비닐봉투가 무척 귀했기 때문에 세척을 하면서까지 재활용할 정도였다. 그러다 운 좋게 상점에 물건이

● 소피아 도심의 간판들을 뒤덮은 키릴문자

들어온 날은 사람들로 장사진을 이루었는데, 인파에 떠밀리다 다치는 경우도 많았다. 거리를 지나다가도, 상점 앞에 길게 줄 선 사람들이 보이면 묻지도 않고, 따지지도 않고 동참해야 했다. 주유소에 기름이 들어온다는 정보가 입수되면 그 전날부터 10km도 넘게 줄을 서 밤새 기다렸다가 차에 기름을 넣기도 했다. 1박2일의 고생 끝에 얻은 귀한 기름이지만 며칠만 타고 다니면 금세 떨어지는 바람에, 멀쩡한 자동차를 차고에 고이 모셔두어야 할 때도 있었다. 다급한 사람들은 아예 국경을 넘어 그리스나 터키로 가서 장을 보기도 했다. 특히 종이 기저귀나 우유, 이유식 등이 크게 부족해 아기를 키우는 젊은 부모들이 몹시 힘들어했다.

상황이 상황인지라, 소피아 사람들의 대화는 어디에 달걀과 밀가루가 들어왔다더라, 어디에 비누와 휴지가 들어왔다더라 등의 생활 정보가 주를 이루었다. 그중에는 자기가 얻은 금쪽 같은 정보를 다른 이들과 너그럽게 공유하는 사람도 있었지만, 물건이 금세 동날 것을 우려해 자기들끼리만 알고 쉬쉬하는 경우도 있었다.

그 광경을 본 나는 사업적 본능이 꿈틀대는 걸 느꼈다. 대학에서 무역학을 전공하면서 사업에 대한 꿈을 키웠으나, 워낙 가진 게 없다 보니 내게는 너무나 멀고 아득한 꿈이었다. 사업을 할 종자돈을 만드는 데만 상당한 시간이 걸릴 테고, 그렇다면 빨라야 30대 후반 혹은 40대 초반에나 사업을 시작할 수 있을 것 같았다. 그러자 조바심이 났고, 꿈을 접어야 하나 고민하기도 했다.

그러던 차에 물자가 부족해 아우성인 불가리아를 보자 눈이 번쩍 뜨였다. 그래, 사업이란 게 꼭 한국에서만 하라는 법은 없지 않은가? 외국에서라고 안 될 건 없지 않은가? 한국에 넘쳐나는 물자를 들여와 이곳 사람들에게 팔면 상당히 재미를 보지 않을까? 큰돈을 벌 수 있는 건 문명이 건설될 때와 무너질 때란 말을 어디선가 들은 것 같았다. 불가리아에 사회주의가 무너지고 자본주의가 도입되는 지금이야말로 더없이 좋은 기회가 아닐까? 게다가 불가리아는 한국보다 물가가 훨씬 싸고 인건비가 저렴하니 금상첨화가 아닌가?

물론 기회 못지않게 위험 요소도 많았다. 오랫동안 외교관계가 단절됐던 나라라 정보가 턱없이 부족한데다, 먼저 들어와 자리를 잡은 한국 사람은커녕 하루 종일 거리를 돌아다녀도 한국 사람 구경하기가 하늘의 별 따기였다. 키릴문자를 쓰는 불가리아어의 압박은 또 어떤가. N과 R을 뒤집어 놓은 것 같은 생소한 글자들, 문자라기보다는 수학 기호에 가까운 글자들을 보며 내가 과연 여기에 적응할 수 있을지 의심스러웠다.

섣불리 결정할 일은 아니었기에, 일단 소피아에 출장와 있는 석 달 동안 찬찬히 상황을 파악하고 가능성을 탐색하기로 했다. 생각하면 생각할수록 위험 요소보다는 기회 쪽으로 무게중심이 기울었다. 결국 이곳에서 사업을 시작하기로 마음먹고는 출장을 마치고 한국에 돌아가자마자 회사에 사직서를 제출했다. 가족 모두를 데려오는 건 시기상조인 것 같아 혼자서 비행기를 타고 소피아로 돌아왔다.

도브레 미스터 팍!

그 당시 작은 아파트를 임대해 숙소 겸 사무실로 사용하고 있었는데 우리 회사의 세일즈 매니저인 제레프와 그곳에서 회의를 할 때가 많았다. 그날도 제레프와 함께 서류를 검토하며 점심시간을 훌쩍 넘긴 채 일을 하고 있었다. 영어를 유창하게 구사하는 그는 몸무게가 120kg에 가까운 남자였는데, 점심도 거르고 일을 하려니 얼마나 배가 고팠겠는가. "다 먹고 살자고 하는 짓인데 웬만하면 밥 좀 먹고 합시다!"라고 항의라도 하듯 그의 배꼽시계가 요란하게 울렸다. 미안한 마음에 점심으로 뭘 먹을까 고민하던 중, 문득 라면이 생각났다.

외국에 거주하는 대부분의 한국 교민들이 그러하듯, 한국을 다녀올 때 고추장이며 김치며 여러 가지 한국 음식을 챙겨오는데 그중에서도 빠지지 않는 것이 바로 라면이다. 어떤 음식이든 비교적 잘 먹는 나였지만 밍밍한 유럽 음식에서 나를 구해줄 라면은 그야말로 필수품이었다. 많은 수량을 가져올 수 없어 아끼고 아껴서 먹던 라면인데, 조금 아까운 생각이 들긴 했다. 하지만 제레프의 굶주린 뱃속을 빠른 시간 안에 달래주기엔 라면이 안성맞춤이라 생각했다. 싱크대의 수납장을 열어보니 라면 봉지 세 개가 고이 모셔져 있었다.

"제레프! 점심으로 라면 어때요?"

"라면이요?"

그의 표정을 보아하니 라면은 금시초문인 듯했다.

"네, 라면은 즉석식품이지만 요리하기 간편할 뿐 아니라, 맛도 좋아요. 시간이 없으니 오늘 점심은 이걸로 간단하게 해결합시다."

"좋아요."

물을 끓이고 라면을 집어넣는데, 썩 내키진 않아 하는 그의 표정이 마음에 걸렸다. 그냥 밖에 나가서 샌드위치라도 사먹을 걸 괜한 짓을 한 게 아닐까? 그가 잘 먹지도 못할 것 같은데 괜히 피 같은 라면만 낭비하는 건 아닐까?

그러나 이미 때는 늦었다. 제레프의 체구를 감안해 라면 세 개를 몽땅 냄비에 털어 넣었는데, 꼬불꼬불한 면발이 서서히 풀어지고 있었고 국물이 끓으며 맛있는 냄새가 솔솔 풍기자 안타까운 마음이 스르르 날아갔다. 미심쩍은 얼굴로 나를 바라보는 제레프에게 라면은 이렇게 먹는 거라고 시범을 보이듯 다 끓인 라면을 후후 불어 입안에 쓰르륵 넣었다. 음식을 먹으며 소리내는 것을 터부시하는 유럽의 식탁예절에 적응해 가던 터라 후루룩 소리를 되도록 줄여야 하는 게 아쉬울 뿐이었다. 원래 라면은 후루룩 소리를 내며 먹어야 제맛인데 말이다.

"아~! 맛있다…."

탄성이 절로 나왔다. 밍밍하기만한 불가리아 음식에 길들여져 있다가 매콤하고 뜨끈한 라면을 먹으니 사막 한가운데서 오아시스를 만난 것처럼 황홀했다. 라면을 관망(?)하던 제레프는 배고픔을 도저히 참을 수 없었는지, 아니면 내가 먹는 게 맛있어 보였던지 라면 두어 가닥을 입에 넣고 오물거렸다.

"이 라면은 한국인들을 위한 맛이어서 당신에겐 좀 매울텐데 괜찮겠어요?"

"이 덩치 유지하는데 내가 매운 맛, 짠 맛 가릴 것 같아요? 하하하~걱정마세요."

말은 그렇게 해도 맵지 않을까 걱정스럽게 보는데 제레프가 초롱초롱 눈을 빛내며 말했다.

"도브레!"

'도브레'는 영어의 'O.K.'에 해당하는 불가리아어로 '괜찮다, 좋다'라는 뜻이다. 제레프는 포크에 라면을 둘둘 감아 맛있게 먹기 시작했다.

"도브레 미스터 팍! 이 라면 정말 맛있어요!"

"맵지 않고 맛있다니 다행이네요."

"이런 맛은 난생처음이에요. 부드럽고 고소한 맛에 만들어 먹기도 편하고, 아주 좋아요. 불가리아에도 이런 식품이 있으면 좋겠는데 가격은 얼마나 되죠? 가격만 괜찮다면 불가리아에 소개해도 괜찮을 것 같아요."

"그래요? 듣고 보니 좋은 생각이군요."

생필품과 식료품 부족으로 어려움을 겪는 불가리아에, 간편하고 맛있으면서도 값이 저렴한 라면을 판매하면 충분히 승산이 있을 것 같았다. 내 주위의 불가리아 사람들에게 라면시식 테스트를 거치며 가능성을 엿본 나는 라면사업에 본격적으로 뛰어들기로 마음먹었다. 그러던 중에 호텔에서의 대대적인 시식회를 생각해 냈고, 라면 홍보에 큰 도움이 되리라 예상했다.

● ● ●

"난 베트남 사람이 아니에요!"

로디나 호텔에서 열린 라면 시식회가 세간의 이목을 끈 것은 분명했다. 그러나 그 일을 계기로 불가리아의 식품유통업자나 마트의 구매담당자들이 앞다투어 나를 찾아오진 않았다. 그래도 홍보의 발판은 어느 정도 마련했으니 내가 직접 매장을 찾아다니며 라면을 소개하고 납품을 추진할 생각이었다.

지금은 불가리아 각지에 대형마트의 체인점들이 들어서고, 매장마다 식품 구매담당 바이어가 있지만 그때만 해도 대형마트 자체가 그리 많지 않았다. 구매담당자가 따로 없이 사장 혼자서 매장을 관리하는 소규모 상점들도 많았다.

라면 샘플을 들고 마트마다 찾아갔지만 반응이 영 신통치 않았다. 불가리아 사람도 아닌 외국인이 동양의 낯선 식품을 소개하려고 하자 위아래로 훑어보며 난색을 표하는 경우가 다반사였다. 그 당시 나는 생활에 꼭 필요한 불가리아어를 단어 위주로 공부하며 문법과는 상관없이 단어만 나열해 더듬더듬 의사소통을 하곤 했다. 유창하게 홍보를 해도 시원찮은 입장에서는 약점이 아닐 수 없었다. 게다가 키릴문자에 익숙지 않아 한국말로 소리나는 대로 단어를 외우곤 했는데, '파르티잔partisan'을 '빨치산'이라 발음하는 것과 비슷한 수준이라 상대가 내 말을 못 알아들을 때도 있었다. 그러나 나를 힘들게 한 것은 비단 이뿐이 아니었다.

당시 불가리아 사람들은 베트남 사람에 대해 안 좋은 감정을 갖고 있었는데, 거기에는 그럴 만한 이유가 있다. 공산권 시절 불가리아는 인건비가 싼 베트남과 노동계약을 맺은 적이 있다. 그로 인해 베트남 노동자들이 불가리아에 들어왔는데, 개방 이후 불가리아 사람과 결혼하거나 불법체류자가 되어 잔류하게 되었다. 그런데 그들 중 몇몇이 소피아에서 암시장을 형성하며 불법 환전으로 재미를 보고 매점매석으로 물건값을 터무니없이 올려놓는 바람에, 안 그래도 심각한 물자난이 더 심해졌고 사람들의 원성이 자자했다.

그 무렵 어느 날인가 혼자 길을 걷고 있는데, 웬 나이 든 할머니

한 분이 내 앞을 가로막으며 다급한 목소리로 말했다.

"빨리 도망가요!"

"네에?"

"험한 꼴 안 당하려면 도망가라구요!"

할머니는 저 앞쪽 길모퉁이를 가리켜 보였다. 거기엔 십여 명의 불가리아 청년들이 베트남 남자 하나를 둘러싸고는 욕을 하며 폭력을 휘두르고 있었다. 나를 베트남 사람으로 오인한 그 맘씨 좋은 할머니는 손짓 발짓까지 해가며 도망가란 말을 몇 번이고 되풀이했다. 바로 그때 불가리아 청년 하나가 내 쪽을 흘끗 보았다. 험악한 표정을 보아 하니 "난 베트남 사람이 아니에요!"하고 목 놓아 외치는 것보다는 도망치는 게 더 빠를 듯했다. 할머니께 고맙다는 인사를 남기고 눈썹이 휘날리도록 내달렸던 기억이 지금도 생생하다.

그런 인종적인 갈등과 오해는 라면을 들고 마트의 식품 담당자를 찾아갔을 때도 마찬가지였다. 나를 베트남 사람으로 오인한 담당자는 매서운 표정으로 돌변하더니 아예 말도 못 꺼내게 하며 나가라는 손짓을 했다.

"전 베트남 사람이 아니고, 한국 사람입니다!! 라면이라는 제품을 소개하러 왔는데요…."

그러나 그는 내 말이 채 끝나기도 전에 문을 쾅 닫아버렸다. 언론에 보도된 라면 시식회 얘기는 입 밖에 꺼내지도 못하고 돌아올 수밖에 없었다.

그 시절에 비하면 지금은 한국의 국가 경쟁력이 몰라보게 높아졌다. 외국에 나가면 누구나 다 애국자가 된다는 말이 있듯이, 현대 차들이 유럽의 도심을 질주하고, 프리미어 리그의 첼시 선수들 유니폼에 삼성 로고가 새겨진 걸 보면 그렇게 가슴이 뿌듯할 수가 없다. 그러나 1990년대 초반만 해도 한국이 어떤 나라인지 모르는 사람들이 부지기수였다. 일본 사람들이 그나마 나은 대접을 받았을 뿐, 한국이나 중국, 베트남 사람은 다 비슷한 취급을 받았고 동양인을 무시하는 경향이 다분히 있었다.

언젠가 까페에 가서 에스프레소를 마시려는데, 저쪽 테이블에 앉은 남자 하나가 나를 보며 이렇게 말했다.

"오리스초!"

좀 작은 소리로 말할 것이지, 못 들은 척 그냥 지나치기엔 너무 큰 목소리였다. 그래서 '지금 나보고 말한 거요?' 하는 표정으로 남자를 노려보았다. 여기서 잠깐. '오리스초'가 무슨 뜻이냐 하면 '쌀벌레'라는 말로 동양인을 비하하는 욕이라 할 수 있다. 불가리아말이 서투르긴 했어도 비속어나 욕만큼은 이상하리만치 귀에 쏙쏙 들어왔다. 그래서 나도 모르게 얼굴이 벌개졌다. 욱하는 마음에 나도 뭐라고 욕을 해주고 싶은데 적당한 말이 생각나지 않았다. 그때 아주 기발한 단어가 생각나 이렇게 되받아쳤다.

"흘럅초!"

'흘럅초'는 '오리스초'에 대응하는 말로 '빵벌레'라는 뜻인데,

실은 내가 만들어낸 신조어였다. 그러자 남자가 얼굴에 잔뜩 힘을 주며 자리에서 벌떡 일어섰다.

"뭐라구?"

아뿔싸!!! 앉아있을 땐 몰랐는데 일어서고 보니 남자의 키가 190cm를 넘어 거의 2m에 가까웠고 격투기나 프로레슬링 선수를 연상시키는 떡 벌어진 체격이었다···. 그냥 가만있을 걸 왜 참지 못했을까? 격하게 후회하며 마른 침을 꿀꺽 삼키는데 바로 그때 구세주가 나타났다.

"자기야! 많이 기다렸지?"

웬 예쁜 아가씨가 콧소리를 내며 남자에게 쪼르르 달려왔다. 아마 애인인 모양이었다. 남자는 반가운 듯 아가씨와 몇 마디 주고받더니, 나를 쓱 보고는 '오늘 운 좋은 줄 알아라.' 하는 시큰한 표정을 지었다. 에스프레소를 몇 모금 마시지도 못한 채, 빛의 속도로 그곳을 빠져나왔다.

발로 뛰며 시장을 개척하다

이방인인 내가 혼자서 마트를 찾아다니며 영업을 하는 건 그다지 효과적이지 않다는 생각이 들었다. 그래서 그 다음부터는 현지인인 불가리아 직원을 한두 명 데리고 다녔다. 마트의 식품 담당자들은 동양인인 나를 보며 여전히 흘끔거리긴 했지만, 우리 직원이 나서서 내가 사장이라고 소개하고, 라면이라는 제품을 홍보하러 왔다고 하자 전보다는 덜 부정적인 태도를 보였다.

라면이 뭔지 잘 모르는 그들이지만 언론에 보도된 호텔 시식회 얘기엔 반응을 보였다.

"아하! 그때 텔레비전 뉴스에서 봤어요. 이게 바로 그 라면이란 거에요?"

"예, 맞습니다."

담당자는 내가 내민 라면 봉지를 유심히 들여다보더니 멈칫했다.

"그런데 중량에 비해 가격이 너무 비싼 거 아닙니까? 스파게티는 라면보다 중량이 더 나가지만 값은 더 싸잖아요."

"중량만 가지고 단순비교하면 그렇죠. 하지만 스파게티는 따로 소스를 만들어서 먹어야 하잖아요? 라면은 안 그렇습니다. 가루 소스가 들어있어서 한꺼번에 넣고 끓이면 되니까 훨씬 간편하죠. 한마디로 뽈루 고또비 스파게티라고나 할까요?"

'뽈루 고또비'란 '반쯤 준비된'이란 말로 영어로는 instant와 비슷하다.

"아하! 뽈루 고또비 스파게티!"

"제가 라면을 직접 끓여드리고 싶은데 괜찮으시겠어요?"

그는 잠시 망설이더니 그렇게 하라고 했다. 담당자를 데리고 직원용 식당의 주방으로 가서 냄비에 물을 넣고 끓이는 동안 라면의 장점을 최대한 부각시켰다.

"스파게티면은 15분 정도 삶은 다음 물기가 빠질 때까지 기다려야 하잖아요? 라면은 그렇지 않아요. 3분 안에 끓여서 바로 먹을 수 있습니다."

"정말 그렇다면 간편하긴 하군요."

"근데 유럽 사람들이 많이 먹는 파스타가 원러 어디서 들어온 건지 아십니까?"

"글세요…이탈리아 아닌가요?"

"아니에요. 파스타는 기원전 3,000년경에 중국에서 처음 만들어졌다가 그 유명한 마르코 폴로가 이탈리아로 들여온 겁니다."

"그래요?"

"예. 동양은 서양에 비해서 면요리가 다양하게 발달한 편이죠."

"그치만 파스타도 알고 보면 굉장히 다양해요."

"물론 그렇죠. 스파게티, 링귀니, 카펠리니, 라자냐, 펜네, 리가토니, 파르펠레…. 제가 원래 면 요리를 좋아해서 파스타도 맛있게 잘 먹습니다. 하지만 제가 강조하고 싶은 건 라면이 훨씬 간편한 음식이란 거죠."

점점 더 호의적인 반응을 보이던 담당자는 라면이 다 끓고 내가 먹는 시범까지 보이자 신기한 듯 쳐다보며 입맛을 다셨다. 그가 먹기엔 너무 뜨거워 잠시 식힌 뒤에 라면을 권했다.

"흠… 생각보다 맛있는데요?"

그 말에 날아갈 듯 기분이 좋았지만 그쪽에서 위탁판매 형식을 제안하자 주춤했다. 위탁판매는 매장에 물건을 진열해 놓고 팔리면 물건값을 받을 수 있지만 안 팔리면 한 푼도 못 건지는 불리한 계약이었다. 그러나 라면이 시장에 진입하는 단계에선 소비자에게 자주 노출되는 게 관건이었기 때문에 그 정도 불이익은 감수하기로 했다.

대도시의 경우엔 제법 큰 마트들이 들어서 있어 직접 찾아다니면 됐지만, 도매업자들이 장악하고 있는 소도시의 경우는 점포를 일일이 찾아다니기가 힘들었다. 그래서 소매점을 상대하는 도매업자들에게 홍보를 할 수밖에 없었다. 지금은 식품유통업 종사자에 대한 정보나 자료가 잘 정리되어 누구나 쉽게 이용할 수 있지만, 그때는 업자들 연락처를 알아내는 데만도 상당한 시간과 노력이 필요했다. 겨우 연결이 돼서 얘기가 잘 될 때도 있었지만 외상으로 물건을 받

● 소피아 도심의 한 쇼핑센터 식품매장

아가서는 홀라당 떼먹고 잠적하는 업자들도 꽤 있었다. 그럴 때면 기운이 빠져 일이 손에 잡히지 않았다. 하지만 시장에 처음으로 진입하는 과정에서 필수적으로 거쳐야 하는 일이고, 좋은 거래처를 만나기 위한 영업비용으로 계산하자 생각하며 쓰린 속을 달랬다.

　마트나 도매업자를 찾아다니며 직접 라면을 소개하는 데 한계를 느끼면서 또 다른 홍보 수단을 모색하게 되었다. 호텔에서의 라면 시식회가 성공적이긴 했어도 비슷한 이벤트를 반복하는 건 그다지 효과가 없을 듯했다. 그래서 라면홍보 스티커를 제작해 거리 여기저기에 붙이는 방법을 택했다. 깔끔하고 예쁜 디자인의 스티커를 공원 벤치에, 카페나 상점의 문에, 전철 안 여기저기에 붙이고 다니며 소피아 시내를 구석구석 누비고 다녔다.

그렇게 몇 달 동안 발로 뛰며 홍보에 열을 올린 결과, 마트의 식품매장에 라면이 하나 둘씩 진열되기 시작했고 어렴풋이나마 희망이 보였다.

※라면에 얽힌 재미있는 이야기※

1. 망할 놈의 지옥라면

　재수도 모자라 삼수까지 해서 스물한 살이란 나이에 동경대와 더불어 일본 최고라는 교토대학에 입학한 야마가미 코. 그러나 대학 2학년 때 돌연 학업을 중단하고 배낭여행을 떠나더니 4년이 훌쩍 지나서야 집에 돌아왔다. 야마가미 때문에 속을 끓이다 화가 머리 끝까지 난 그의 부모는 친척이 경영하는 동경 시부야의 한 라면집으로 야마가미를 쫓아버렸다. 부모는 아들을 내치기 전, 이렇게 엄포를 놓았다.
　"잘 들어라, 야마가미. 네가 다시 집에 돌아오려면 첫째, 라면집이 망하거나 둘째, 라면집 삼촌이 돌아가시거나 셋째, 대지진으로 라면집이 무너졌을 때뿐이다. 그 전엔 어림없다!"
　부모에게 내쫓긴 야마가미는 할 수 없이 라면집으로 갔다. 그곳은 손님보다 파리가 많아, 말 그대로 파리 날리는 가게였지만 그렇다고 망할 정도는 아니었다. 그리고 라면집을 운영하는 삼촌은 목에 칼이 들어와도 조깅을 거르지 않을 만큼 운동과 건강에 집착하는 사람이었다. 또한 지질학자들의 예상에 따르면 앞으로 한동안은 대지진이 일어날 가능성이 희박하다고 했다.
　노벨상 수상자를 다수 배출한 교토대학 학생답게, 야마가미는 첫째 조항이 가장 확률이 높다고 판단하고 라면집을 망하게 하기로 결심했다. 게다가 뜻하지 않은 행운도 따랐다. 매일 조깅을 하던 삼촌이 어느 날 빙판에서 미끄러지면서 크게 다쳐 병원에 입원을 한 것이다. 덕분에 야마가미는 무려 한 달 동안 라면집을 혼자서 운영하게 되었다.
　주방을 꿰찬 그는 일본인 식성에 맞지 않는 지독히도 매운 양념을 라면 국물에 듬뿍 집어 넣었다. 빨갛다 못해 아예 검붉은 이 라면은 '지옥라면'이란 무시무시한 이름을 달고 메뉴판에 떡하니 올랐다. 일설에 의하면 삼촌이 기르던 고양이가 라면 국물을 시식한 후 바로 실신했다고 한다. 그걸 보고 야마가미는 성공을 확신했지만, 아예 끝장을 보려 했는지 이런 플래카드를 가게 앞에 내걸었다.
"지옥라면을 먹다 남길 경우 설거지를 해야 한다!"
이런 어이없는 플래카드를 보고 가게에 손님이 들어올 리 없었다. 야마가미는 머지않아 집에 돌아갈 수 있을 거라 생각하며 쾌재를 불렀다.
그런데 호기심 많은 어떤 TV방송사가 지옥라면을 소개하면서 예기치 않은 상황이 벌어졌다. 방송을 본 젊은이들이 하나 둘 몰려들더니 나중엔 가게 앞에 줄까지 서는 사태가 벌어졌다. 심지어 그들은 가게가 너무 빨리 문을 닫는다며 영업시간을 연장하라고 시위를 벌이기도 했다. 야마가미가 언제 집에 돌아갔는지는 알려지지 않았으나, 라면재벌이 되었다는 건 틀림없는 사실이다.

2. 다이아나에겐 죽어도 못 팔아!!

영국의 황태자비 다이아나가 일본 교토에 왔을 때 외무성은 그녀에게 라면을 대접하기로 했다. 외무성 직원이 맛있기로 소문난 한 라면집에 전화를 걸었다.
"다이아나와 함께 갈 테니 자리를 준비해 주십시오."
"누구요? 다이아나요?"
수화기 너머 라면집 여주인의 목소리에 날이 섰다.
"예, 그렇습니다만…?"
"다이아나에겐 죽어도 못 팔아요! 아니, 안 팔아요!!"
여주인은 전화통이 부서져라 끊어버렸고, 외무성 직원은 어안이 벙벙했다. 그녀가 그렇게 흥분한 이유는 나중에야 밝혀졌는데, 다음과 같다. 라면집 근처에 〈다이아나〉라는 구둣가게가 있었는데, 언젠가 라면집 여주인의 망가진 구두를 제대로 고쳐주지 않았다. 라면집 여주인과 구둣가게 여주인은 그 후로 틈만 나면 다퉜고, 급기야는 철천지원수 사이가 되고 말았다. 그래서 다이아나란 말만 들어도 몸서리를 치며 전화를 끊어버린 거였다. 여자가 한을 품으면 오뉴월에 서리가 내린다는 말이 틀린 얘기는 아닌가 보다.

3. 라면만 먹고 사는 할아버지

언젠가 TV에 소개되어 화제가 되었던 라면인생이 있다. 30년 동안 하루 세 끼를 매일같이 라면으로 때워왔다는 주인공은 강원도 화천군에 사는 70대 초반의 박 모 할아버지. 할아버지는 마흔 살 무렵 음식을 먹으면 토해내는 장협착증에 걸려 음식을 먹지 못하고 괴로워했다. 그런데 이상하게도 라면을 먹으면 아무 이상이 없는 것이었다. 그래서 하루 세 끼를 라면으로 해결하며 지금껏 살아왔다.

그런데 할아버지의 라면 끓이는 방법은 보통 사람들과 조금 다르다. 먼저 면만 따로 끓여 국물을 버리고 식힌 다음 스프를 넣고 슥슥 비벼 오이 같은 야채를 곁들여서 먹는다.

병원에서 진찰을 한 결과 할아버지는 특이체질로, 이상하게도 라면이 몸에 잘 맞는다고 한다. 하루에도 4~5개의 라면을 먹는 할아버지는 지금까지 약 5만 2천여 개의 라면을 먹어왔다는데, 매일 30년간 라면만을 주식으로 먹고도 건강을 유지하고 장수를 누리는 것을 보면 라면의 영양학상의 문제는 아무런 논란의 여지가 없는 듯하다.

4. 뽀빠이의 엉뚱한 수난

1970년대 어린이와 청소년들의 최고 기호식품이던 라면땅 중에 〈뽀빠이〉라는 이름의 제품이 있었다. 그런데 소련 국기를 상징하는 닻과 오렌지색 포장 때문에 생산현장에 간첩이 침투해 만들었다는, 실로 어처구니없는 괴소문이 돌았다. 지금이야 실소를 금할 수 없지만 당시에는 관련자들이 관계당국에 불려가 조사를 받는 등 한바탕 해프닝이 벌어졌다고 한다.

Chapter **2**

푸르디푸른 꿈을 안고

● ● ●

"비행기 처음 타시나봐요."

대학 다닐 때 학교 방송국의 아나운서로 활동했던 나는 여름마다 제주도로 이동방송국 MT를 가곤 했다. 부족한 재정에 비행기는 엄두도 못 냈기에, 목포까지 기차를 타고 가서 여객선에 몸을 싣고 제주도로 향하곤 했다. 그런 내가 머리털 나고 처음으로 비행기를 탄 것은 불가리아로 해외출장을 가게 됐을 때였다.

무역회사를 다니며 꽤 유능한 수출영업부 직원으로 인정받던 나는 불가리아에 PC를 판매하는 프로젝트 건으로 출장을 가게 됐다. 첫 비행기 여행에 대한 잔잔한 흥분과 첫 해외출장에서 대단한 성과를 내야겠다는 다부진 각오로 비행기 안에서 상담자료를 훑어보고 상담전략을 노트에 메모하며 초롱초롱 눈을 빛내던 풋내기 영업청년의 모습을 생각하면 지금도 웃음이 절로 난다.

지금처럼 해외여행이 자유롭지 않은 때라 해외에 처음 나가는 게 부끄러운 일은 전혀 아니었음에도 불구하고, 어설픈 티를 안 내려고 애쓰며 해외여행에 익숙한 척했다. 안전벨트를 매는 일은 스튜어디스의 안내로 별 어려움 없이 해치웠지만, 기내의 비디오와 오디오 시설을 어떻게 이용해야 할지 몰라 잠시 망설였다. 괜히 잘못 만져 실수했다가 웃음거리가 되느니 가만있으면 중간은 가겠지 싶었다. 그래서 서류뭉치를 꺼내들고는 구매상담 계획을 열심히 점검하기 시작했다. 엄청난 규모의 수출계약을 따내 회사에 뭔가를 보여주고 말겠다는 각오를 다지며 서류를 읽고, 또 읽고 했건만…. 오랜 시간의 비행에 지친 탓인지 잠이 들고 말았다.

한참을 꾸벅꾸벅 졸다 깨어보니 마침 기내식이 나오고 있었다. 포크와 나이프를 들고 조심스럽게 식사를 하는데 옆 좌석의 아주머니가 나를 보며 싱긋 웃었다. 저 미소의 의미는 뭐지? 내가 코믹하게 생긴 외모는 아닌데 뭐가 우스운 걸까? 혹시 나한테 관심 있나? 아니면 그냥 쑥스러워서 별 뜻 없이 웃은 건가? 그 아주머니는 40대 중반쯤으로 보였는데, 여유 있고 세련된 인상에 모나리자처럼 알듯 말듯한 야릇한 미소를 짓고 있었다. 웃는 얼굴에 침 못 뱉는다고, 나도 같이 씨익 웃어주었다.

잠시 후 아주머니는 아주 익숙한 동작으로 오디오 기기를 만지며 음악을 듣기 시작했다. 이때다 싶어 아주머니를 곁눈질하며 나도 따

● 유럽펀드의 지원으로 새롭게 지어진 소피아 신공항

라했다. 단, 따라하는 건 아니고 나도 마침 음악이 듣고 싶었다는 표정을 지으면서. 잠시 후 아주머니는 지나가는 스튜어디스를 불러 커피를 달라고 했다. 나도 질세라 한 잔 달라고 했다. 그때 아주머니가 나를 슬쩍 보며 이렇게 말했다.

"비행기 처음 타시나봐요."

비행이 익숙한 척 폼을 잡던 나는 아주머니의 그 한마디에 그만 꼬리를 내리고 말았다.

"예. 회사 일로 출장 가느라, 해외는 처음입니다. 근데 아주머니는 유럽에 자주 나가시나 봐요?"

"독일에 살다보니 자주 나가는 편이죠."
"한국 사는 분 아니세요?"
"네, 독일에 십 년째 살고 있어요."
어쩐지. 유럽에 오래 산 분이라 비행이 아주 익숙하구나 싶었다.

아주머니와 이런 저런 얘기를 나누다 보니 어느덧 시간이 지나고 마침내 비행기가 소피아 공항에 착륙했다. 지금의 소피아 신공항은 유럽펀드의 지원으로 새롭게 지어져 최첨단의 시설을 자랑하지만 내가 소피아에 처음 발을 디딘 1990년 여름의 그곳은 낡은 이데올로기만큼이나 칙칙한 회색빛으로 다가왔다. 우리나라 지방 소도시의 공항보다도 못한 시설을 둘러보며 내가 유럽에 온 게 맞나 싶어 잠시 어이가 없었다. 하지만 시골 기차역 같은 느낌이 왠지 싫지 않았고, 알 수 없는 친근함으로 마음이 편안해졌다.

사회주의 국가라 오랫동안 우리나라와 외교 관계가 없던 불가리아는 이제 막 개방이 되어 1990년 3월 양국 간에 외교관계가 수립되었고, 한국 대사관과 대한무역투자진흥공사^{KOTRA} 소피아 사무소가 정식으로 개관한 직후였다. 그 당시 불가리아에 사는 한국인 수는 채 스무 명이 안 됐는데, 대사관과 코트라^{KOTRA}, 대우상사 소피아 지사의 직원들과 그 가족들이 전부였다.

첫 해외여행의 감흥에 젖어 이국적인 풍경과 사람들을 정신없이 처다보던 나는 그때만 해도 내가 불가리아에서 사업을 하며 20년을 살 거라고는 꿈에도 생각 못 했다.

업무가 마감한 금요일 오후 소피아에 도착한 나는 미리 정해놓은 숙소에 짐을 풀고 나서 호기심 어린 마음에 소피아 시내를 먼저 둘러보기로 했다.

큰길로 나오자 마침 택시 한 대가 다가왔다. "쉐라톤 호텔!"하고 행선지를 말했다. 그런데 기사가 불가리아말로 뭐라고 떠들더니 고개를 젓는 게 아닌가? 승차 거부가 한국에만 있는 줄 알았는데, 벌써 국제적인 트렌드가 된 건가? 첫 택시를 보내고 다음 택시를 잡았다. 그런데 행선지를 말하자 이번에도 기사가 고개를 저었다. 그렇게 택시 몇 대를 보내버리고 나자 슬슬 짜증이 났다. 이러다 거리에서 날새지 싶어 차라리 걸어갈까 생각하는데 또다시 택시 한 대가 다가왔다. 나는 아주 간절하고 절박한 표정을 지으며 "쉐라톤 호텔!"하고 외쳤다. 그런데 이번엔 기사가 고개를 끄덕였다!!! 웬 떡이냐 싶어 냉큼 차에 올라타는데 이게 또 웬일? 기사가 인상을 찌푸리더니 호텔에 안 간다며 내리라고 했다. 방금 전까지 타라고 고개를 끄덕여놓고 왜 갑자기 내리라는 거지? 너무 심한 거 아냐? 불가리아말로는 도저히 따져 물을 수가 없어 영어로 말했다.

"혹시 영어할 줄 아세요?"

"예, 조금 합니다."

"궁금한 게 있는데요, 소피아 택시들은 왜 이렇게 승차거부를 많이 합니까? 무슨 특별한 이유라도 있나요?"

그러자 택시기사가 껄껄 웃었다.

"하하하, 외국인들이 소피아에 오면 으레 겪는 일을 손님도 겪으신 것 같네요."

"네에?"

"불가리아 사람들은 '예스'라고 말할 때 고개를 젓고, '노'라고 말할 때 고개를 끄덕입니다. 이렇게요, 하하하."

기사는 직접 시범을 보이며 내가 잘 알아듣게 설명했다.

"세상에, 그런 거였어요?"

"나야 예약된 손님을 기다리는 중이라 못 간다고 한 거고, 고개를 저은 다른 기사들은 예스라고 한 거죠."

"아하."

나중에 들은 바에 따르면, 나보다 몇 달 먼저 소피아에 도착한 대사관 직원들과 코트라 지사장도 택시 기사들의 뒤바뀐 '예스'와 '노' 때문에 비슷한 신고식을 치렀다고 했다.

불가리아 사람들이 '예스'라는 뜻으로 고개를 가로젓고, '노'라는 뜻으로 고개를 끄덕이는 데는 몇 가지 설이 있는데 그중 하나는 다음과 같다. 지금의 터키에 해당하는 오스만투르크 제국이 5세기에 걸쳐 불가리아를 지배하면서 귀족계급을 므너뜨리고 농민들을 투르크 지주들의 농노로 삼았던 시절, 어떤 성의 불가리아 공주가 투르크 사람들에게 잡혀가 모진 고문을 받았다. 한국의 유관순, 혹은 프랑스의 잔다르크처럼 불가리아의 독립을 갈망하던 공주였는데, 독립투사들을 고발하라며 심한 고문을 했지만 끝끝내 입을 열지 않았다. 대신 '예스'란 답을 해야 할 때 고개를 저었고, '노'란 대답을 해야 할 때 고개를 끄덕여 투르크 심문자들을 교란시켰다고 한다. 그 공주의 항거를 기리기 위해 불가리아 사람들이 '예스'와 '노'를 반대로 표현하게 됐다고 한다.

요구르트와 장미의 나라, 불가리아

불가리아는 유럽 대륙의 제일 동쪽에 있는 발칸 반도의 남동부에 위치해 있다. 한반도의 1/2 정도의 면적과 약 800만 명의 인구를 가진 나라로, 북쪽으로는 다뉴브강을 경계로 루마니아와 접하고, 서쪽은 유고슬라비아, 남쪽은 그리스 및 터키와 접하고 있다. 이렇게 동·서양이 교차하는 지점에 위치한 지정학적인 이유 때문에, 지구상의 그 어떤 나라보다도 이민족의 침입과 지배를 많이 받은 나라가 불가리아다.

지정학적인 위치, 이민족의 잦은 침입, 어디서 많이 들어본 말 아닌가? 그렇다, 우리나라도 불가리아와 비슷한 상황이다. 아시아의 동남단에 위치한 한반도는 만주와는 압록강과 두만강을 경계로, 소련과는 블라디보스토크를 연안으로 이웃해 있으며, 서쪽으로는 황해를 건너서 중국 대륙과, 동쪽으로는 일본 열도와 이웃하고 있다. 이러한 지정학적인 위치와 변경지대적, 완충지대적 성격 때문에 대륙 세력과 해양 세력의 이해가 충돌하는 가운데 잦은 외침을 당하고 무수한 시련을 겪어왔다.

불가리아는 기원전 3,000년경부터 살기 시작했다는 원주민 트라키아인Thracian과 5세기 말에 남하한 슬라브족, 그리고 7세기에 이주해 온 아시아계 유목민족인 불가리아인Proto Bulgarian이 융화돼 681년 불가리아 제국을 설립했다. 이후 167년간 비잔틴 제국의, 485년간 오스만투르크 제국의 지배를 받았고 1, 2차 세계대전 때는 독일 편에 섰다가 패망하였다. 그리고 1944년에는 소련의 침공을 받아 공산화가 되는 등 피비린내 나는 역사를 가지고 있다.

● 불가리아 대통령궁 앞의 근위병들

　불가리아는 한국과 비슷한 위도상에 위치해 있어 대체로 온난하며 사계절이 뚜렷하다. 봄에는 야생화와 마로니에 등 온갖 꽃들이 피어 아름답고, 여름에는 기온이 30도를 넘는 경우도 많으나 비가 내리지 않고 건조하여 그다지 덥지는 않다. 또한 한국에 비하면 장마, 태풍, 지진 등의 기상재해가 별로 없다. 가을에는 단풍이 곱게 물들고, 눈이 많이 내리는 우기인 겨울은 평균기온이 영하 10도 아래로 내려갈 때도 있지만 바람이 많이 불지 않아 체감기온은 한국과

● 러시아정교회의 알렉산드르 네프스키 사원(위)
● 한국어과가 있는 소피아대학(아래)

비슷하다고 할 수 있다.

언어는 불가리아어가 공용어로 사용되고 있다. 종교에 있어서는 70~80%가 불가리아 정교 신자이고, 가톨릭 및 개신교 신자의 수는 많지 않은 편이다. 오랫동안 터키의 지배를 받은 탓에 이슬람교 신자도 상당수 있다.

　북 슬라브족인 러시아 사람들은 체구가 크고 뚱뚱한 사람들이 많지만 남 슬라브족인 불가리아 사람들은 체격이 적당한 편이다. 특히 불가리아 여자들 중에 미인이 유독 많은데 아쉽게도 10대 후반이 가장 예쁘고, 그 이후로는 미모가 조금씩 하향세로 접어드는 듯하다.

　불가리아 사람들은 비잔틴 제국, 오스만투르크 제국 등 외세의 지배하에서 오랜 세월을 보냈기 때문에 보호본능이 강하고 이방인에게 마음을 쉽게 열지 않는 경향이 있다. 또한 공산당 시절 외부와 단절돼 살아온 관계로 성격이나 일 처리에 있어서 폐쇄적인 면을 드러내기도 한다. 공산주의 체제에서는 능률이나 생산성보다는 일자리를 많이 만드는 게 더 중요했기 때문에 한 사람이 충분히 할 수 있는 일을 서너 명이 나눠하는 게 보통이었고, 그런 습성이 몸에 밴 탓에 생산성이 떨어질 수밖에 없었다. 회사원들이 커피 타임으로 한 시간을 잡담하며 보내는 건 흔한 풍경이었고, 일을 할 때도 스스로 찾아서 하기보다는 상사의 지시에 안이하게 따라가는 수동성을 보이기도 했다. 그러나 개방 이후 사회가 변모하며 더 이상 옛날 방식이 통하지 않게 되자 구습을 버리고 변화에 적응한 사람들이 성장의 달콤한 열매를 독차지하게 되었다.

● 기념품을 파는 거리 노점상의 레닌 조각상

대부분의 한국 사람들은 요구르트 하면 불가리아를 떠올리고, 요구르트의 원조 역시 불가리아라 생각한다. 그럴 수밖에 없는 것이, 오래전부터 TV광고나 프로그램을 통해 요구르트와 장수를 언급할 때면 으레 불가리아를 보여주었기 때문이다. 그러나 사실 불가리아의 국민적인 음식인 요구르트는 터키를 통해 들어온 것이다. 동서양을 종횡무진하며 세력을 키웠던 옛 터키가 불가리아를 지배했을 때, 터키의 문화가 유입되었고 요구르트를 비롯한 음식문화에도 상당한 영향을 끼쳤다.

1905년 러시아의 메치니코프(Elie Metchinikoff) 박사가 '발효유에 의한 불로장수설'을 발표하면서 요구르트의 소비가 급격히 증가하였고 건강과 장수의 비결로 주목받게 되었다. 요구르트는 불가리아 음식에서 필수 불가결한 요소로, 이곳 사람들은 약간 신맛이 나고 크림치즈와 비슷한 풍미의 요구르트를 즐겨 먹는다. 특히 요구르트와 오이를 넣어 만든 차가운 수프 타라토르가 별미다.

'발칸의 붉은 장미'라고도 불리는 불가리아는 전 세계 장미향수의 70%를 생산하는 것으로도 유명하다. 해마다 5월이 되면 장미축제가 열리는데 5월의 마지막 일요일부터 6월의 첫째 일요일까지 8일간 지속된다. 장미의 수확 시기에 따라 축제 시기도 미묘하게 변

● '발칸의 붉은 장미'라 불리는 불가리아는 장미재배로 유명하고 해마다 성대한 장미축제가 열린다

하는데 일반적으로 지난해의 겨울이 따뜻한 경우에는 축제 시기가 빨라지며, 추운 경우에는 축제 시기가 늦어진다. 거리 전체가 아름다운 장미꽃으로 뒤덮이는 축제 기간에는 민속의상을 입은 아가씨들이 장미오일 추출과정을 시연하기도 하고 장미아가씨 선발대회가 열린다.

1990년 소피아에 처음 왔을 때, 가장 눈에 띈 것은 거리를 유유히 활보하는 트램이었다. 트램은 도로 위에 부설된 레일 위를 달리는

● 소피아 도심을 유유히 활보하는 트램

전차로, 그걸 보는 순간 '아, 내가 정말 외국에 왔구나.' 하는 생각이 들었다. 레닌 광장에 우뚝 선 여신상과 비잔틴 양식으로 지어진 황금빛 지붕의 네프스키 사원 역시 동유럽의 이국적인 느낌을 물씬 자아냈다.

사람들로 북적거리는 서울에 비하면 소피아 거리는 다소 한산했는데, 대부분의 사람들이 무표정하고 딱딱한 얼굴이어서 왠지 말을 붙이기가 어렵게 느껴졌다. 하지만 이곳에 살면서 겪어보니 거리감이 느껴지는 첫인상과는 달리, 감자처럼 순박하고 흙처럼 순수한 사람들이다. 그들은 자국의 문화유산에 대한 자부심이 강하고 우리 한국 사람처럼 노래와 춤을 좋아하는 낙천적인 면이 있다. 불가리아 사람들은 저녁식사를 서너 시간씩 즐기는 편인데, 레스토랑에서 식사와 함께 술을 마시다 흥이 오르면 자리에서 일어나 거리낌 없이 춤을 추곤 한다. 또한 가족, 친지 간의 유대감과 결속력이 강하고 부모와 노인을 공경하는 경로효친사상을 중시하는데 이 역시 한국인과 비슷하다.

꿈의 궤적을 돌아보며

불가리아의 한국인 사업가 1호로 어느 정도 성공했다고 할 수 있는 내게 한 불가리아 기자가 이런 질문을 한 적이 있다.

"왜 하필 불가리아를 선택했습니까?"

"좋은 질문입니다. 사실 동유럽의 사회주의가 무너지던 초창기에 한국 기업들이 가장 먼저 투자한 나라는 폴란드입니다. 폴란드는 바로 옆에 독일과 러시아가 인접해있고, 산업적으로 준비가 잘 된 나라입니다.

하지만 저는 불가리아의 무한한 가능성에 주목했습니다. 아직은 저평가되어 있지만 물가와 인건비가 저렴하고, 특히 지정학적인 위치가 큰 메리트로 다가왔습니다. 더구나 불가리아는 유럽에서도 의무교육 기간이 가장 긴 나라 중의 하나가 아닙니까? 12학년^{한국으로 치면 고등학교 3학년}까지 의무교육이 실시돼 문맹률이 거의 제로라는 것은 상당한 강점이라 생각합니다. 이런 모든 요소를 감안할 때 앞으로 불가리아가 유럽의 생산기지로 부상할 것이고, 고속성장이 충분히 가능하다고 판단했습니다."

기자는 내 대답에 상당히 만족스런 반응이었다.

그 당시 불가리아에서 대학을 갓 졸업한 젊은이들의 한 달 평균

월급이 10~15만원 정도였으니, 한국에 비하면 인건비가 훨씬 저렴했다. 물가 역시 저렴해 사업 초창기에 직원들 7명을 데리고 오성급 호텔에 가서 저녁식사를 한 적이 있었는데, 계산서에 적힌 금액은 50달러에 불과했다. 가진 거라곤 서울의 반지하방 전세보증금 600만원밖에 없던 내가 한국에서 사업의 꿈을 펼치는 데는 현실적으로 어려움이 많았다. 하지만 불가리아에서라면 가능할 것도 같았다.

잠시 후 기자가 다시 물었다.

"사업에 대한 꿈을 언제부터, 어떤 계기로 갖게 되었나요?"

"글세요… 대학에서 무역학을 전공하면서 사업가로서의 미래를 머릿속에 그리긴 했지만, 그보다는 어릴 적 건축업을 하신 아버지를 보면서 그런 꿈을 갖게 된 것 같습니다."

기자에게 대답한 바와 같이 내가 사업에 뜻을 두게 된 건 첫째로, 어렸을 때부터 알게 모르게 사업 마인드가 몸에 배게 만드신 아버지의 영향 때문이다. 그리고 둘째로는 가난과 결핍을 벗어나고자 하는 욕망 때문이다.

고향이 서울인 나는 막노동을 하는 완고하고 성실한 아버지와, 통이 크고 낭만적인 기질이 있는 어머니 사이에서 3남 1녀 중 장남으로 태어났다. 할아버지께선 한때 거제도 구천동에서 땅 부자로 소문난 지역 부호였지만 가세가 급격하게 기우는 바람에 집안 형편이 몹시 어려워졌다. 초등학교밖에 못 나온 아버지는 열여섯이란 나이에 혼자 서울에 상경해 스스로 생계를 해결해야만 했는데, 가진 것

없고 가방 끈 짧은 아버지가 할 수 있는 건 공사판의 막노동밖에 없었다.

그러다 어머니를 만나 결혼을 한 아버지는 왕십리 비석거리라고 불리는 산동네 판자촌의 낭떠러지 바위 위에 망치로 돌을 일일이 깨서 집터를 만들고, 벽돌을 이고 날라 무허가 주택을 지었다. 그 당시 대부분의 서울 달동네가 그러했듯 무허가로 지은 집이라도 번지를 부여받을 수 있었는데, 왕십리 비석거리 산 17번지에서 장남인 내가 태어났다.

주민들 대부분이 무허가 주택에서 살고, 아버지처럼 막노동으로 생계를 이어가던 우리 동네는 하루도 조용할 날이 없었다. 계주가 곗돈을 홀랑 떼먹고 도망가서 악다구니를 쓰며 울부짖는 소리, 화투를 치다 속임수를 썼다고 다투는 소리, 노름에 빠진 남편을 화투판에서 찾아내곤 대성통곡하는 아줌마들의 울음소리, 만취한 아저씨들의 고성방가, 공동수도에서 물을 긷다가 새치기를 했네 마네 싸우는 소리…. 그것이 불과 40여 년 전의 서울이었다는 사실을 생각하면 격세지감이 느껴진다.

어려운 형편에 하루 세 끼를 꼬박꼬박 챙겨먹는 건 언감생심. 하루에 두 끼를 먹는 것만도 감지덕지했던 우리 집에선 점심을 먹는 일이 거의 없었다. 여섯 살쯤 되었을 무렵, 친구들과 손이 곱아 터지도록 딱지치기를 하던 어느 겨울날이었다. 한찬 놀고 있는데 "○○야! 밥 먹자."하고 엄마들이 부르는 소리가 여기저기서 들렸다. 아이들은 뒤도 안 돌아보고 점심을 먹으러 달려갔그 나만 혼자 남겨졌다. 점심이라는 단어가 너무나 생소했던 나는 집으로 달려가 어머니에게 물었다.

"엄마, 점심이 뭐야? 엄청 맛있는 거야? 다른 애들은 점식 먹으러 집에 가던데, 왜 우리 집은 점심이 없어?"

"…….

철없이 물어보는 여섯 살 난 꼬맹이 아들을 짠하게 바라보는 어머니의 눈에 눈물이 그렁그렁 맺혔다. 어린 나는 그런 엄마가 이상해서 물끄러미 쳐다볼 뿐, 어머니의 마음이 얼마나 아프셨을지 이해하지 못했다.

초등학교에 들어가면서 우리 집이 가난해 점심을 먹을 수 없다는 걸 알게 된 후로는 될 수 있는 한 그런 티를 안 내려고 했다. 놀이터에서 같이 놀던 친구들이 점심을 먹으러 흩어지면 나도 마치 점심을 먹으러 가는 양 집에 돌아와 책을 보거나 혼자 딱지를 접기도 했다. 학교에서 단체 급식으로 빵과 우유가 나왔던 그 시절, 급식비를 낼 수 없었던 나는 같은 반 친구들이 간식을 맛있게 먹는 동안 교실 밖을 서성이며 시간을 보내곤 했다.

가난한 살림살이엔 제대로 먹지 못하는 것도 문제였지만 그보다 더 큰 문제가 추위였다. 바위산을 깎아 대충 지은 관계로 외풍이 엄청 셌던 우리 집은 혹독하고 매서운 겨울 바람 앞에서 속수무책이었다. 연탄이라도 충분히 때면 다행이지만 없는 형편에 그마저도 아끼고 아껴서 때야 했다.

아버지의 벌이가 조금 나아지면서 같은 산동네의 조금은 집다운 집으로 이사를 하게 되었는데, 어머니는 집에 붙어있는 작은 공간을 개조해 세탁소를 하셨다. 세탁소와 붙어있는 방에서 나와 두 남동생이 잠을 잤는데 구들이 없던 방이라 이불만으로 겨울의 추위를 감당하긴 무리였다. 그러자 어머니는 아이디어를 짜내셨다. 세탁소에선 옷을 다리기 위해 늘 화덕에 불을 피우곤 했는데 저녁 무렵에 커다란 돌덩이를 세탁소의 화덕 위에 올려놓고 데웠다가 밤이면 그 돌을 포대기로 싸서 우리들이 잠을 자는 이불 속에 넣어주시곤 했다. 뜨끈뜨끈하게 데워진 돌 때문에 가끔 이불이 누렇게 타거나 살을 데기도 했지만 어머니의 지혜 덕분에 한겨울 밤의 추위를 이겨낼 수 있었다.

건설현장에서 막노동을 하시던 아버지는 인부들을 거느리고 건축 하청업을 시작하게 됐다. 집수리에서부터 작은 연립주택 건설, 소규모 공장 건축에까지 관여하셨는데, 부지런한 아버지는 인부들보다도 먼저 건설현장에 나가 공구를 정리하며 솔선수범하셨다. 공사를 진행하다 기분 좋게 술에 취하신 날엔 나를 불러 앉히시고는 이래저래 공사비 계산을 해보라고 하셨다. 물론 어린 내가 뭘 알겠냐만은 아버지께선 스스로가 자랑스럽다는 만족감의 표현인지, 아니면 아들에게 사업적인 마인드를 심어주려는 생각 때문인지 공사비 계산을 시키며 무척 흐뭇해 하셨고, 나도 아버지가 근사하게 느껴졌다. 아버지처럼 내 사업을 해야겠다는 생각이 아마도 그때부터 싹튼 것 같다.

조금 나아지려던 집안 형편은 내가 중학생 때, 고된 노동으로 아버지가 허리를 다치면서 악화되었다. 허리 디스크로 3년 남짓한 시간을 병원에서 지내야 했던 아버지는 큰 수술만 3번, 작은 수술까지 합하면 도합 11번의 수술을 받아야 했다. 가장인 아버지가 앓아누움으로써 수입이 끊긴 마당에 엄청난 병원비까지 부담해야 하자 어머니는 눈앞이 캄캄해졌다. 그렇다고 아버지의 병을 손 놓고 바라볼 수만도 없어 돈을 구하러 사방팔방으로 돌아다니셨다. 그러던 어느 날 동사무소에서 생활보호 대상자로 지정되면 병원비 혜택을 받을 수 있다는 얘기를 들으셨다. 그길로 동사무소를 찾아가신 어머니는 자격이 안 된다며 거절하는 동사무소 직원에게 눈물로 읍소하며 사정사정해 겨우 생활보호 대상자 지정을 받아 병원비를 감당하셨다. 나중에 디스크가 완치된 아버지께서 "내 병은 너희 엄마가 고쳤다."라고 말씀하실 정도로 아버지를 살리기 위한 어머니의 몸부림은 처절했다.

그렇게 아버지를 간호하고 자식들을 건사하며 힘겨워하던 어머니는 얼마나 힘이 드셨는지 내가 중학교 3학년이던 어느 날, 나를 불러놓고는 학비를 감당할 수 없으니 당분간 학교를 쉬자고 말씀하셨다. 그리고는 담임인 박덕규 선생님을 학교로 찾아가셨다.

"선생님. 집안 형편 때문에 종태가 잠깐 휴학을 했으면 합니다."

"아니, 왜요? 집에 뭐 안 좋은 일 있으세요?"

"종태 아버지가 디스크 때문에 몇 년째 일을 쉬고 병원 생활을 하고 계세요. 상태가 안 좋아서 수술은 해야 되는데, 돈은 없고… 도저히 아이를 가르칠 여력이 안 돼서…."

어머니는 차마 말씀을 잇지 못하셨다. 그러자 선생님이 말씀하셨다.

"종태는 공부도 잘하는데, 여기서 휴학하면 안 됩니다. 사정이 정 그러시면 제가 수업료를 대겠습니다, 어머니."

"네에?"

"너무 부담스럽게 생각지 마세요. 종태가 공부를 계속할 수 있다는 게 중요한 거 아닙니까? 돈이야 나중에 여유가 생기면 갚으셔도 되구요."

"아닙니다, 선생님! 말씀을 듣고 보니, 너무 부끄러워서 몸둘 바를 모르겠습니다."

"네에?"

"생판 남도 이렇게 내 자식을 공부시키려고 하는데, 엄마가 되가지고 어떻게 그런 생각을 했는지…. 선생님! 오늘 얘기는 없던 걸로 해주세요. 이만 가보겠습니다."

어머니는 뒤통수가 부끄러워 후다닥 그 자리를 빠져 나오셨다. 그리고는 마음을 굳게 먹고 어떤 궂은 일이든 마다하지 않겠다는 결심으로 풀빵 장사, 냉차 장사 등 닥치는 대로 일을 하셨다. 그런 어머니 덕택에 아버지는 여러 차례 수술을 거쳐 디스크에서 벗어났고, 나와 동생들도 무사히 학업을 마칠 수 있었다.

호랑이같이 무섭고 차가워 보이는 박덕규 선생님이 그런 말씀을 하셨다는 게 처음에는 믿기지 않았지만, 그 일을 계기로 겉으로 보이는 것이 그 사람의 전부는 아니라는 것을 깨달았다. 당신도 형편이 넉넉하지 않은데 제자 학비까지 떠안으려 하셨던 선생님을 생각하면 가슴 저 밑바닥에서부터 뜨거운 것이 올라왔다. 만약 그때 학업을 쉬었더라면 내 인생은 어떻게 되었을까? 그 따뜻한 마음 덕분에 나와 어머니, 그리고 우리 가족이 희망을 잃지 않았다는 것을 선생님은 알고 계실까? 이 책의 지면을 빌어 그때 선생님께 표현하지 못한 고마움을 뒤늦게나마 전하고 싶다.

후유증이 조금 남긴 했어도 디스크가 완치된 아버지는 건축일을 재개하셨다. 마침 건축붐을 타고 집 장사가 잘 되면서 제법 큰돈을 버셨지만 식구들은 돈 구경 하기가 힘들었고, 우리 집의 체감경기도 별반 나아지지 않았다. 타의 추종을 불허하는 절약가, 자린고비 중의 지존인 아버지는 찔러도 피 한 방울 안 날 분이셨는데, 독하기도 했지만 아마 피 한 방울 흘리는 것조차 아까우셨으리라. 어린 나이에 혼자 서울로 상경해 갖은 고생을 하며 살아온 탓에 절약정신이 몸에 밴 아버지는 형편이 나아진 후에도 졸라맨 허리띠를 좀처럼 풀지 않았고, 내가 대학을 다닐 때도 학비 이외에 용돈 한 번 주신 적이 없었다. 그런 아버지에게 익숙해진 나 역시 그걸 당연시했고, 대학 방송국의 아나운서 경험을 살려 음악다방 DJ를 하면서 대학시절 내내 스스로 용돈을 벌어 썼다. 그것이 훗날 좋은 사업가로서의 소양을 갖추는 데 일조했으리라 생각한다.

　　대학교 3학년을 마치고 공군사병으로 입대한 상태에서 결혼을 하고 나자 가장으로서의 책임감이 어깨를 짓누르기 시작했다. 언젠가 반드시 내 사업을 하리라 생각했지만 사회경험이 일천한 상태에서 무모하게 덤빌 수는 없었다. 일단은 직장에 들어가 일을 배우고 경험을 쌓아야만 했다. 취업을 목표로 한 나는 제대 말년부터 복학을 앞두기까지 약 1년여의 시간 동안, 내 인생에서 그렇게 열심히 공부했던 때는 전에도 없었고 앞으로도 없을 만큼 공부에 미쳐 살았다. 고등학교 시절 수학을 워낙 좋아해서 영어와는 거의 담을 쌓고 살았지만, 취업에 대한 투지를 불태우며 영어에 매달리자 그렇게 막막하고 멀게만 느껴지던 영어가 눈에, 귀에, 입에 익혀지기 시작했다. 새벽부터 밤늦게까지 대학 도서관에서 공부를 하다 집으로 돌아가던 그 시절, 밤하늘의 빛나는 별을 바라보며 뿌듯이 밀려오던 행복한 성취감은 앞으로 다시는 맛보지 못할 것 같다.

그렇게 노력한 보람이 있었던지 대한상공회의소가 주최하는 무역영어 자격증을 취득할 수 있었고, 국제해운 전문인이라 할 수 있는 해무사 자격증까지 취득했다. 덕분에 4학년 1학기에 해운회사에 덜컥 취직이 되었다.

그렇게 사회에 첫발을 디딘 나는 일 잘하고 성실하다는 평을 종종 들었다. 그러나 조직에 속해 직장생활이 주는 편안함에 길들여지기엔 사업에 대한 내 열망이 너무 강했다. 더구나 해무사 공부를 통해 선망했던 해운업무가 현실에서는 내 생각과 많이 다르다는 것을 알고 실망했다. 해운회사에서 승부를 보기보다는 전공인 무역업무로 전환해야겠다는 생각이 그때부터 들었다. 훗날 사업의 꿈을 이루기 위해서는 한 회사에 오래 다니는 것보다 여러 회사를 다니며 단기간에 많은 걸 배우는 게 낫다고 생각했다. 지금 생각하면 썩 잘한 결정 같지는 않지만 그때는 그게 최선이라 여겼다. 그래서 처음엔 수출을 주로 하는 회사, 다음은 수입을 주로 하는 회사, 다음엔 생산과 수출입을 병행하는 회사, 그리고는 종합무역을 하는 무역상사로 회사를 옮겨다니며 나름대로 사업 감각을 익혀나갔다. 그러다 불가리아로 출장을 가게 되면서 물자난에 허덕이는 그곳 상황을 보고 '바로 이거다~!' 싶었다.

● ● ●
우물쭈물하다 내 이럴 줄 알았다?!

내가 불가리아에 가서 사업을 하겠다고 하자 주위 사람들은 하나같이 부정적인 반응을 보였다.

회사 동료 하나는 어이가 없다는 듯 나를 빤히 쳐다봤다.

"제정신이냐? 여기서 얌전히 회사나 다닐 것이지 뭐하러 그런 델 가서 고생해?"

사직서를 내자 직장상사는 혀를 끌끌 차며 한숨을 쉬었다.

"박종태씨. 이 사표는 내가 그냥 갖고 있을 테니까 며칠 쉬면서 잘 생각해봐. 사업을 하는 것도 좋지만 다른 데도 아니고 불가리아라니, 너무 무모한 거 아냐?"

직선적인 성격의 한 고등학교 친구도 열심히 나를 말렸다.

"똥개도 자기 집 마당에선 반을 먹고 들어간다는데, 거기 가서 네가 뭘 한다고 그래? 처자식 고생시킬 생각은 안 하냐?"

비교적 순종적이고 내 뜻을 잘 따라주는 아내도 걱정스러운 듯 말했다.

"불가리아에 한국 사람도 별로 없다던데, 괜찮겠어요?"

누가 뭐래도 내 결심이 흔들리지 않았다고 하면, 거짓말이다. 내가 잘못 생각한 건 아닐까? 괜한 욕심에 처자식을 고생시키는 건 아닐까? 무모하게 덤볐다가 망신만 당하면 어떡하지? 오만 가지 생각에 머리가 복잡해졌다.

그때 어떤 문장 하나가 머릿속에 떠올랐다.

"우물쭈물하다 내 이럴 줄 알았다."

영국의 극작가이자 소설가, 비평가인 버나드 쇼가 자기 묘비명으로 쓴 말이다. 독설가로도 유명한 버나드 쇼는 영국의 사회 지도층 인사들에게 무작위로 "다 들통났음. 빨리 도망쳐라."라는 전보를 보내 나라를 일시적으로 마비시키는 대형사고(?)를 치며 세상을 조롱하기도 했다. 그런 명성에 걸맞게 묘비명도 정말 걸작이 아닐 수 없다.

"우물쭈물하다 내 이럴 줄 알았다."

작가로 이름을 날리고 노벨 문학상까지 받은 버나드 쇼가 왜 그런 묘비명을 남겼을까 생각해 보았다. 겉으로는 독설의 외피를 쓰고 있지만, 실은 가난하고 힘없는 서민들에게 희망을 채근하는 말은 아닐까? 한 번뿐인 짧은 인생, 망설이고, 고민하고, 이것저것 재면서 우물쭈물하다간 아무 것도 못 이루고 죽기 십상이다. "우물쭈물하다 내 이럴 줄 알았다."는 "실패보다 후회가 더 두렵다면 지금 당장 꿈에 도전하라!"와 같은 말이 아닐까? 어쨌거나 이 말은 나를 자극하기에 충분했다.

그래서 과감히 저지르기로 마음먹었다. 돌다리도 두드려 보고 건너는 게 맞긴 하지만, 마음속으로 수백 번 저울질만 하느니 한 번 저질러서 성공이든 실패든 뭔가 구체적이고 손에 만져지는 경험을 하는 게 낫지 않을까? 남들이 이미 닦아 놓은 길을 가면 더 안전하고 시행착오를 줄일 수 있지만 그만큼 기회는 줄어들지 않을까? 그때는 레드오션이니 블루오션이니 하는 말조차 몰랐지만 결과적으로 보면 불가리아가 내게는 블루오션이었다.

아내와 두 딸을 데리고 불가리아로 가기 위해 비행기를 타던 날, 우리 집과 처가댁의 부모님들이 공항으로 마중을 나오셨다. 어머님과 장모님이 어찌나 대성통곡을 하시던지, 아마 모르는 사람이 봤으면 내가 무슨 전쟁터에라도 나가는 줄 알았을 거다. 내 어머니야 아들 걱정으로 우셨겠지만, 장모님은 딸이 시집을 잘못 간 것 같아 속상해서 우셨을지도 모른다. 그분들의 불안을 잠재우고 걱정을 덜어드려야 했기에, 확신에 찬 어조로 씩씩하게 말했다.

"어머니, 장모님! 너무 걱정마세요. 저요, 3년 안에 꼭 성공해서 돌아오겠습니다."

직항 노선이 없어 앵커리지를 경유하느라 15시간이 넘는 긴 비행 끝에 우리 가족은 소피아에 입성했다. 가진 거라곤 반지하방을 정리한 전세보증금 600만원이 전부였다.

우리가 살게 될 아파트는 보증금 없이 월세만 내면 됐고, 일을 하려면 무엇보다도 차가 필요했기 때문에 600만원은 차를 사는 데 쓸 수밖에 없었다. 현대에서 유럽으로 수출한 포니 액셀 한 대를 사고 나자 주머니가 엄청 가벼워졌다. 첫 달 월세를 낼 돈도 부족한 상황이라 계획대로 일이 잘 풀릴지 걱정이 앞섰다. 괜히 가족들까지 데려와 고생시키는 건 아닐까 후회도 됐고, 도통 나아질 기미가 안 보이는 심각한 물자난도 생활에 큰 불편을 주었다.

언젠가 일을 마치고 집에 돌아와 보니, 아내가 다른 때보다 몹시 지쳐 있었다.

"당신 왜 그래? 무슨 일 있었어?"

"휴지가 떨어져서 사러 나갔는데, 소피아 시내를 하루 종일 이 잡듯이 뒤져도 파는 데가 없더라구요. 아무래도 주말에 차를 몰고 터키로 넘어가서 사와야겠어요."

"그때까지 어떻게 기다려? 잠깐 있어봐. 내가 구해볼게."

밖으로 나와 아는 가게를 몇 군데 뒤져봤지만 휴지는 씨가 마른 듯했다. 그때 문득 호텔이 생각났다. 택시를 타고 쉐라톤 호텔에 가서 화장실에 비치된 휴지를 슬쩍해 집으로 돌아오는데, 휴지 값보다 택시 값이 더 든 걸 알고 씁쓸했다. 그러나 이런 것들 때문에 땡전 한 푼 없는 내게 사업을 할 기회가 생긴 것 아닌가. '그래, 불가리아야! 고맙다.' 하고 중얼거리며 아내와 아이들이 기다리는 집으로 걸음을 재촉했다.

풋내기 사업가의 시행착오

자본 없이 시작한 사업이지만 다행히 한국의 한 파트너 무역회사를 통해, 그 회사의 지사 형태로 한국 제품들을 커미션 베이스로 들여와 무역중개상 업무를 시작했다. 시대의 흐름에 따라 지금은 사라져 버린 오디오와 비디오 테이프, 자동차 오디오 세트, TV와 냉장고 등의 가전제품, 운동화, 유아용품, 문구류 등 종류를 가리지 않고 무역중개 업무를 했다. 그러나 무역거래의 오퍼상 역할을 통한 거래 커미션만으로는 사업의 한계를 느꼈다. 그래서 한국의 파트너 회사를 통해, 값싼 재고운동화를 들여와 내가 직접 판매하기로 마음먹었다.

보통 재고거래의 성격이 그렇듯, 재고물품의 가격은 아주 저렴하지만 거래 성격상 100% 현금을 선금으로 지불해야 했다. 하지만 재고품질에 대한 보장이 없는 경우가 대부분이었다. 한국의 파트너 업체는 내게 외상으로 재고운동화 거래를 제의했고, 나는 이 거래를 통해 첫 종잣돈을 만들 수 있으리라는 판단을 했다. 시중에 신발이나 운동화가 크게 부족해서 물건만 제대로 들여오면 톡톡히 재미를 볼 수 있었다. 파트너 업체는 40피트 컨테이너 두 개 물량에 해당하는 재고물품을 실수 없이 구매하기 위해 전수검사를 했고, 검사를 마친 재고운동화가 마침내 불가리아로 선적이 되었다.

첫 직수입을 통해 종잣돈을 마련할 생각에 한껏 들떠 있던 나는 도착한 컨테이너를 열어본 순간, 경악을 금치 못했다. 컨테이너 안에는 한눈에 보기에도 정상적이지 않은, 쓰레기 수준의 운동화들이 산더미처럼 쌓여있었다. 미리 상담을 통해 운동화 구매계약을 한 불가리아의 운동화 도매업자도 바로 옆에 있었는데, 그걸 보고 깜짝 놀랐다.

짝이 안 맞고, 지저분하고, 여기저기 찢어지고, 치수가 서로 엉망이게 짝지어지거나, 브랜드가 다르게 짝지어진 운동화들을 살펴보자니 억장이 무너지는 듯했다. 도저히 팔 수가 없는 물건이었다. 불가리아 업자는 어이없는 표정으로 내게 물었다.

"대체 어떻게 된 겁니까? 예?"

"이럴 리가 없는데…. 이게 어떻게 된 거지?"

거의 패닉 상태에 빠져 뭐라고 답변조차 못했다. 구매업자는 괜히 헛걸음만 했다고 툴툴거리며 서둘러 가버렸다.

머릿속이 하얘지면서 한동안 정신을 놓고 있던 나는 잠시 후 이 사실을 한국에 알렸다. 알고 보니 운동화 전수검사 후 컨테이너 선적작업을 기다리던 날 새벽에, 재고업자가 물건을 쓰레기 운동화로 바꿔치기한 모양이었다. 최종적으로 한 번 더 물건을 확인했어야 했는데, 그걸 생략한 게 실수라면 실수였다.

내 자금으로 진행한 거래였다면, 한국의 파트너 업체에게 손해배상을 청구했을 것이다. 그러나 나를 믿고 외상거래를 하다 사기꾼 업자에게 피해를 본 파트너 업체에게 손해를 그냥 떠안길 수는 없었다.

결국 나는 두 팔을 걷어붙이고 불가리아 인부들과 함께 산더미 같은 쓰레기 운동화를 정리해야만 했다. 손해를 최대한 줄이기 위해 도저히 못 쓸 제품은 버리고, 그나마 상태가 나은 것들은 제대로 짝을 맞추는 정리작업을 하느라 창고에서 열흘을 살다시피 했다.

종잣돈을 만들기는커녕 오히려 큰 손실을 보고 나자 눈앞이 캄캄했다. 없는 자본에 참으로 큰 타격이었지만 이미 다른 선택은 없는 상황이라 주저앉고 싶어도 일어나야 했고, 어떻게든 이 손실을 만회해야 했다. 실패는 성공의 어머니라는, 진부하디 진부한 명언을 수백 번, 아니 수천 번 되뇌었다. '비록 거래는 망쳤지만 이번 일로 배운 게 많으니까 언젠가 도움이 되겠지. 첫 술에 배부르란 법 없잖아. 조급한 생각 버리고 하나하나 차근차근 풀어 나가자.'

장사꾼의 눈을 벗어나

그 무렵 한국의 한 유업회사에서 유럽식 요구르트 제품을 만들어 광고제작사에 TV CF를 의뢰했는데, 요구르트와 장수의 나라인 불가리아가 촬영지로 결정되었다. 지금도 이름만 대면 다 아는 '불' 자로 시작되는 요구르트의 광고촬영을 위해 제작팀이 불가리아로 날아왔고, 촬영을 도와줄 현지 코디네이터를 찾던 중 나와 연결이 됐다. 쓰레기 운동화로 인한 손실을 만회할 기회이기도 했지만 광고촬영 자체에 흥미가 생겨 그들의 제안을 흔쾌히 수락했다.

암시장을 통해 어렵게 휘발유를 구해가며 촬영팀을 데리고 여기저기로 로케이션헌팅을 다녔다. 로도피 지역의 유명한 장수촌인 스몰리얀과 아르다와, 코스니카, 보로브나, 엘호베츠, 오그레드 등을 돌아다녔는데, 그중에서도 스몰리얀이 인상적이었다.

타임머신을 타고 100년 전으로 돌아간 듯한 스몰리얀은 오염되지 않은 옛 모습을 그대로 간직한 시골마을이다. 순도 백 퍼센트의 파아란 하늘 아래 해발 1,500미터가 넘는 높고 푸른 산이 병풍처럼 둘러서 있고, 계곡엔 바닥이 보일 만큼 투명한 물이 흘러내렸다. 게다가 공기는 또 얼마나 맑고 신선한지, 한 모금의 톡 쏘는 콜라처럼 찌르르한 느낌이었다. 평균연령이 지극히 높은 스몰리얀의 할머니,

할아버지들은 오랜만에 시골집을 찾은 손자를 대하듯 우리를 따뜻하게 맞아주었다. 고령에도 불구하고 부지런히 몸을 움직이며 감자, 양파, 오이, 꿀, 토마토 등을 재배하고 우유와 양고기를 생산하는 그분들을 보며 장수의 비결은 요구르트가 아니라 맑고 순수한 자연, 그리고 노동의 힘이 아닐까 생각했다.

몇 달 동안 사업에만 골몰하며 골치를 썩이던 나는, 자연 그대로의 아름다움을 간직한 그곳 풍경들을 보고 놀라지 않을 수 없었다. 불가리아가 이렇게 아름다운 나라인 줄 왜 여태 몰랐을까? 돈벌이와 이해타산에 급급해 놓친 것이 많구나 싶었다. 장사꾼의 눈을 벗어나 불가리아의 순수한 아름다움에 처음으로 마음이 끌리던 순간이었다.

며칠 뒤 역시 로케이션헌팅을 위해 벨리코 투르노보^{Veliko Tarnovo}라는 도시에 간 적이 있다. 제2차 불가리아 왕국의 수도였고 '불가리아의 아테네'로 불리기도 하는 그곳은 우리나라로 치면 경주에 해당하는 곳으로, 도시 곳곳에서 유적을 발견할 수 있다.

현지 가이드인 불가리아 파트너 나쉬코바와 나, 그리고 촬영팀은 장소를 물색하다 호텔에서 저녁식사를 같이 했다. 그런데 식사가 끝나갈 무렵 나쉬코바가 말했다.

"미스터 팍! 오늘 밤에 굉장한 구경거리가 있는데 때맞춰서 잘 오셨어요."

"그게 뭔데요?"

"미리 말하면 재미없죠. 이따가 보여드릴 테니, 기대하세요!"

자부심이 가득한 나쉬코바의 표정을 보니 무척 기대가 됐다. 그의 말을 촬영팀에게 전하자 그들 역시 기대에 찬 표정이었다.

마침내 식사가 끝나고 나쉬코바가 어디론가 우리를 데려갔다. 그런데 기대와는 달리 아주 평범한 가정집이었다. 슬그머니 김이 빠졌다. 하지만 기대하라고 큰소리를 쳤으니 뭔가 있겠지 싶어 두말없이 그의 뒤를 따랐다. 나쉬코바는 볼 거라곤 아무 것도 없는 집안을 지나 옥상으로 올라갔다. 별로 넓지도 않은 옥상엔 계단식으로 된 공간이 있었는데, 그가 우리를 거기에 앉혔다. 대체 뭘 보여주려고 여기까지 데려왔나 싶어 잠시 황당했다.

나쉬코바는 그런 내 생각을 아는지 모르는지, 여유만만하게 시계를 들여다보더니 손가락으로 딱 소리를 내며 쇼타임을 알리는 과장된 제스처를 했다. 그때 갑자기 도시 전체가 정전이 되더니 한치 앞도 안 보일 만큼 캄캄해졌다.

어둠과 함께 쏴아~~한 썰렁함이 우리를 덮쳤다. '고작 등화관제 훈련을 보여주려고 여기까지 데려온 거야? 나 참 기가 막혀서.' 그나마 정전이 되어 어두웠기 망정이지 다들 실망하고 뿔난 표정이었으리라.

그런데 바로 그 순간, 저 멀리 산 쪽에서 뭔가가 반짝 빛나더니 불이 하나 둘 켜지며 은은하고 청량한 종소리와 함께 음악이 들렸다. 빛의 움직임은 음악에 맞춰 점점 더 화려해졌고, 레이저빔까지 가세해 환상적인 조명쇼가 펼쳐졌다. 웅장하고도 구슬픈 음악을 듣고 있자니, 한국의 전통음악처럼 한恨의 정서가 느껴져 애잔해졌다. 반 시간 정도의 그 조명쇼는 벨리코 투르노보의 전통행사인 모양이었다. 쇼 자체도 멋지고 아름다웠지만 도시 전체가 협력해 소등을 하고 침묵을 지킨 채 행사에 동참하는 모습 또한 멋졌다. 그저 도전과 기회의 땅, 돈벌이의 장소에 불과했던 불가리아에 매력을 느끼고 빠져들게 된 또 하나의 순간이었다.

다시 광고 촬영 얘기로 돌아와서, 장수마을을 돌아다니던 나는 CF 모델이 될 할아버지를 한 분 섭외했다. 백 살이 넘는 분이라 그 정도면 장수인 모델로 손색이 없을 것 같았다. 그런데 촬영팀이 탐탁치 않은 반응을 보였다. 문제는 할아버지가 정말로 자기 나이만큼 딱 백 살처럼 보인다는 거였다. 전체적인 인상 또한 곱게 늙었다기보다는 힘들게 살아오신 듯 보였다. 비주얼이 중요한 TV CF이다 보니 좀 더 그럴듯한 외모의 할아버지가 필요했다. 그래서 그보다 훨씬 젊은(?) 70대 동안 할아버지가 모델이 되었다.

당신이 모델을 할 줄 알았던 할아버지는 동안 할아버지에게 밀려나자 서운한 기색을 감추지 못하셨다. 그리고는 수시로 거울을 들여다보며 뒤늦게(?) 외모를 가꾸기 시작하셨다. 미안한 마음에, 할아버지 말상대를 해드리며 젊게 보이는 몇 가지 방법을 조심스레 알려드렸다. 나중에 한국에서 전파를 탄 그 광고는 '야쿠르트' 밖에 모르던 우리나라 사람들에게 '요구르트'가 뭔지 알려주었고, 판매에도 큰 기여를 했다.

홈런보다는 잦은 1루타가 필요해!

무사히 촬영이 끝나고 코디네이터에 대한 비용지불을 기다리고 있는데, 돌발상황이 생겼다. 갑자기 태도를 바꾼 광고제작팀이 불가리아의 저렴한 물가를 들먹이더니 애초에 계약한 금액을 터무니없이 깎으려 들었다. 쓰레기 운동화로 인한 손실을 만회하려고 허겁지겁 달려든 나는 그들과 그저 말로만 약속을 했지, 계약을 문서로 작성해두지 않았는데 그것이 화근이 되어 불이익을 당할 수밖에 없었다.

나름대로 최선을 다하고 성심성의껏 도왔는데 이게 웬 날벼락인

가. 괘씸하고 억울한 생각에, 광고 테이프를 국외로 반출 못 하도록 조치를 취하려고도 했다. 하지만 그들의 말만 믿고 계약을 문서화하지 못한 나도 잘못한 것은 사실이다. 세상이 얼마나 무서운 곳인지 모르고, 듣기 좋은 몇 마디 말에 의지해 내가 잘해 주면 상대도 잘해 주겠지 하는 안이한 생각을 하다니. 배신감과 불쾌감이야 이루 말할 수 없었지만 감정적으로 굴고 싶지는 않았다. 그저 내 불찰에 대한 벌이려니 생각하고 달게 받기로 했다.

내 인내심과 너그러움의 한계를 테스트하는 차원에서, 계약을 어기고 약속된 금액도 지불하지 않은 채 마치 도망치듯 소피아를 떠나려는 광고제작팀을 공항까지 가서 배웅했다. 내가 말썽을 일으킬 거라 예상했는데 가타부타 따지지도 않고 오히려 정중하게 작별인사를 하자 미안해진 그들은 서둘러 공항을 빠져나갔다.

그 후 한국의 광고회사에서 내부적으로 이야기가 있었던지, 수수료를 조금 더 지불하겠다고 했다. 애초에 받기로 한 금액에는 한참 못 미쳤지만, 어쨌거나 그 일로 계약의 중요성을 깨달았으니 수업료 하나는 톡톡히 치른 셈이다.

당시 내 상황을 야구에 빗대 설명하자면, 헛스윙과 파울볼을 치다 투 스트라이크를 기록한 타자와도 같았다. 쓰레기 운동화 수입과 광고 코디네이팅 건으로 연이어 고배를 마신 상황이라 자칫 잘못하다간 삼진 아웃으로 물러나야 할 위기 상황이었다. 홈런까지는 바라지도 않았고 그저 1루타라도 쳐서 어떻게든 출루해야만 했다.

지금도 변함없는 생각이지만 홈런이 기업에 획기적인 성장의 기회를 가져다 주는 건 사실이나, 예측하기도 힘들고 자주 일어나는 것도 아니다. 그에 비하면 1루타, 2루타는 더 빈번하게 일어난다. 1루타나 2루타를 통해 꾸준히 매출을 늘리다 보면 기업 전체에 성장 마인드가 생겨날 뿐 아니라, 언젠가 홈런의 기회가 왔을 때 더 잘 칠 수 있는 바탕이 마련된다는 생각이 그때부터 싹트기 시작했다.

두 번의 연이은 시행착오 후 와신상담하며 다음에 수입할 품목을 선정하느라 고심했다. 면밀한 시장조사와 분석을 통해 구매결정을 내리면야 좋지만 당시엔 그럴 상황도, 여건도 아니었다. 게다가 시장에 발 빠르게 대응하기 위해선 순전히 내 감에 의지해 구매결정을 내려야 할 때도 있었다. 시장을 보는 눈이 생겨서인지, 아니면 그저 운이 좋아서인지는 몰라도 그 감이 대부분 맞아떨어졌고 노력이 결실을 맺기 시작하며 매출이 늘어났다. 특히 라면사업에 대한 예상이 적중해 일정 수량이 꾸준히 팔리더니 차츰 증가세를 보였다.

※부여족과 불가리아인의 연관성※

부여(夫餘)는 한국 민족 직계 조상 중의 하나로, 단재 신채호는 한때 한국 민족을 '부여족'이라 부르기도 했다. 부여는 고조선의 후국으로, 늦게 잡아도 기원전 5세기부터 기원후 5세기까지 약 1,000년간 쑹화강 유역을 중심으로 만주 일대에서 크게 활동했다.

중국 기록에 등장하는 '부여'는 불여(不與), 부루(符婁), 부여(夫餘), 부유(鳧臾) 등으로 표기되어 있는데 당시 고대한자 발음으로 볼 때 이들의 공통 발음은 짧은 소리로는 '불', 긴 소리로는 '부르'다.

부여는 기원후 4세기 전반까지는 동북아시아의 최선진국이었다. 예컨대, '삼국지' 위서동이전 부여조에 보면 "그 나라 사람들은 체격이 크고 성질이 굳세며 용감하였다. 외국에 나갈 때는 비단옷, 수놓은 옷, 모직옷을 주로 입었고, 금이나 은으로 모자를 장식하였다."는 기록이 있다.

부여의 통치조직은 중앙의 국왕 아래 최고 귀족장으로서 마가(馬加), 우가(牛加), 저가(猪加), 구가(狗加) 등 여러 '가(加)'가 있어서 전국을 동서남북의 사출도(四出道)로 나누어 통치했다. 돼지, 개, 소, 말이 등장하는 한민족의 '윷놀이'는 부여에서 유래한 것이다.

신채호에 의하면 부여족의 특징은 정착지에 반드시 '불' 자를 붙여 국호를 짓는데, 일찍이 만리장성 부근으로 이동해 들어온 한 부여족 군단을 추적했지만 그 행방을 잃어버렸다고 한다.

어떤 계기인지는 분명치 않으나, 부여족의 일단이 4세기 말엽 서방으로 이동해 초원길을 거쳐 중앙아시아의 카스피해와 흑해 사이 캅카스 지방에 도착했다. 그들은 5~7세기 초까지 돈강 유역과 북 캅카스에 흩어져 정착했다. 서양사에서는 이때부터 부여족이 불가(Bulghar)족으로 기록되어 나온다. '불가'는 '부여(불)의 가(加)' 족이라는 뜻으로 해석되는데 부여족과 불가리아족이 실은 한 뿌리에서 나왔음을 입증하는 증거로 볼 수 있다.

　부여족은 어디를 가나 나라를 세울 때는 수도를 '소비' 라고 부르는 관습이 있었다. 예컨대 부여족의 일파가 세운 백제가 하남위례성을 잃고 남쪽으로 천도해 지금의 부여에 수도를 정했을 때 백제 성왕은 국호를 남부여(南夫餘)로 바꾸고 수도 이름을 '사비(泗沘) 로 정했다. '소비' 와 '사비' 는 호환된다. 불가리아의 크룸 칸이 수도를 '소비' 라고 칭했고 그것이 지금의 '소피아' 인데 이 역시 불가족이 부여족이라는 것을 보여주는 단서가 아닌가 한다.

Chapter 3

인생의 고난은 동굴이 아니라 터널이다

느닷없이 날아든 사직서

우리 회사의 세일즈 매니저인 제레프는 앞어 서도 말했듯 180cm가 훌쩍 넘는 키에 몸무게는 120kg 정도 되는 남자로, '미스터 빅'이란 별명이 딱인 사람이다. 착하고 서글서글한 첫인상과 밝고 유쾌한 성격, 그리고 출중한 영어실력은 면접 시 별다른 고민 없이 그를 채용하게 만들었다. 지금은 불가리아에서 고등학교만 졸업해도 영어를 충분히 구사할 수 있지만 공산주의 체제를 막 벗어난 그 당시엔 영어가 아닌 러시아어가 제2외국어였기 때문에 영어를 잘 하는 사람이 많지 않았다.

그런데 출근 첫날, 거구를 이끌고 힘겹게 의자에 앉아 있는 그를 보고 가슴이 철렁했다. 엄청난 엉덩이의 무게에 의자가 눌려 금방이라도 부러질 것만 같았는데, 내 예상이 적중해 몇 시간 뒤 정말로 의자가 부러지고 말았다. 그러자 제레프는 멋쩍게 웃어보이며 다른 의자를 가져다 앉았다. 하지만 그래서 해결될 문제가 아닌 듯했다. 하루에도 몇 개씩 의자를 부러뜨리면 한 달 월급보다 의자 값이 더 많이 나오지 않을까?

생각다 못해 그만을 위한 아주 특별하고도 튼튼한 의자를 주문했다. 혹시나 기분 나빠 할까 봐 살짝 걱정했는데, 다행히도 자기 위주의 사고를 가진 제레프는 자기를 특별대우 한다고 생각했는지 몹시 기뻐하며 내가 주문한 의자에 기분 좋게 철퍼덕 앉았다.

제레프는 라면 홍보를 위한 호텔 시식회부터 마트를 찾아다니며 납품을 추진하는 일까지, 나와 많은 시간을 함께 했다. 그와 함께 일하면서 불가리아에서 사업을 하려면 영어만으론 한계가 있음을 알게 되었고, 불가리아어를 제대로 배우기로 결심했다.

매일 아침 7시 내 사무실에서 불가리아의 한 일간지 신문기자인 차이카로부터 레슨을 받았고, 생활에 필요한 단어들과 사업 상담에 필요한 단어들을 수첩에 빼곡히 적어가며 공부했다. 영어는 일절 입 밖에도 내지 않고 직원들과 대화할 때나 오다가다 사람을 만날 때에도 되든 안 되든 무조건 불가리아어를 사용했다. 말도 안 되는 엉터리 불가리아 말이었지만 수없이 부딪히며 구사하는 데는 장사가 없었고 그러다보니 실력이 조금씩 늘었다. 공통의 주제를 놓고 대화를 나누다 보면 문법이 다소 틀리고, 사용하는 단어가 적절치 않더라도, 서로 충분히 교감할 수 있으며 말하고자 하는 내용을 간파할 수 있다. 실수하는 것이 두려워 완벽한 언어를 구사하려고만 한다면 외국어를 배우기가 더 어렵다는 것을 그때의 경험으로 알게 되었다. 게다가 외국인이 자기 나라 언어를 현지인 같이 너무 잘해도 밉상으로 보일 수 있다. 외국인답게 발음이 좀 어눌하고 실수가 있어야 오히려 더 친근하게 느껴지는 법인데, 나의 어눌한 말투 역시 플러스 요인으로 작용했다.

나는 제레프를 통해 실질적인 비즈니스 상담에 필요한 불가리아어를 배워나갔고, 제레프는 나를 통해서 제품홍보와 프로모션 행사, 판매계약 등 비즈니스에 대한 많은 것을 배웠다. 처음에 다소 수동적이었던 그는 시간이 갈수록 적극성을 보이며 열심히 일했다.

그렇게 2년여의 시간을 나와 동고동락하며 사업적 경험과 안목을 키운 제레프가 어느 날 느닷없이 사표를 제출했다. 사직하려는 이유를 묻자, 자기도 독립적으로 사업을 하고 싶다고 했다. 잘 가르쳐서 키워놓은 직원이 갑자기 그만두겠다고 하자 서운하고 아쉬웠다. 하지만 나 역시 직장생활을 하면서 사업을 하겠다고 마음먹고 사직서를 냈던 터라 이해하기로 했다.

그런데 제레프는 퇴사 이전부터 퇴사 이후의 사업을 위해 여러 가지 준비를 했었고, 그중의 하나가 바로 라면이었다. 라면 판매량이 조금씩 늘어나는 걸 보며 욕심이 생긴 그는 자기도 독립하면 나만큼은 하지 않을까 생각했던 모양이다. 그래서 회사에 근무하는 동안 나 모르게 따로 자기 회사를 차려놓고는 한국의 다른 업체를 통해 라면 수입계약을 마친 상태였다. 하루아침에 충실한 직원에서 경쟁사의 사장으로 탈바꿈을 하다니, 한국 같으면 상도덕상 도저히 있을 수 없는 일이었다. 서운한 마음이 컸지만 어쩔 도리가 없어 그저 행운을 빌어주었다. 그런데 얼마 뒤 퇴사한 제레프에게서 전화가 왔다.

"미스터 팍. 잘 지내세요?"

"예, 잘 지냅니다. 그나저나 라면사업은 잘 되고 있나요?"

"실은 그 일 때문에 이렇게 전화를 드렸습니다. 아시다시피 한국에서 라면을 수입해서 판매하고 하는데 도무지 시장개발이 안 되네요. 라면 유효기간은 다가오는데 이러다 재고만 잔뜩 떠안고 망하게 생겼습니다."

"그것 참 안됐네요."

"지난 일을 생각해 보니, 제가 미스터 팍한테 해서는 안 될 일을 한 것 같습니다. 정말 죄송합니다. 식품사업을 너무 쉽게 생각한 게 잘못인가 봐요. 다른 아이템들은 그래도 그럭저럭 버틸 만한데, 라면 때문에 손실이 크네요."

라면 거래선을 뚫기 위해 내 뒤를 따라다니며 어깨 너머로 일을 배운 제레프는 웬만한 거래처를 모두 꿰고 있었고, 제레프가 나와 같은 거래선을 접촉하며 시장개척을 하고 다닌다는 소식은 익히 들어서 알고 있었다. 그런데 제레프가 간과한 것이 하나 있었다. 그것은 바로 한국인 특유의 집념과 끈기였다. 나를 그저 부지런한 일벌레 정도로 치부했던 그는 내 안에 숨어 있는 열정과 투지를 과소평가했다. 하지만 유통시장을 개척하는 일이야말로 끝없는 열정과 투지, 그리고 오기가 있어야만 한다.

"미스터 팍. 이런 말 하기 염치없지만, 제가 가지고 있는 라면 재고를 부탁드려도 될까요? 거절하셔도 할 말 없으니 부담 갖지는 마시구요."

풀이 죽은 목소리로 도움을 요청하는 걸 보니 안됐다는 생각이 들었다. 잠시 고민하다 그가 가진 재고물량 전부를 내가 인수해서 정리해 주기로 했다. 그에게 배신감을 느꼈던 것은 사실이나, 사람이란 욕심이 생길 수도 있고, 실수할 수도 있다고 생각했다. 제레프는 그 일로 내게 큰 빚을 졌다며 고마워했고, 우리는 지금도 서로 안부를 전하며 사업적으로 도울 것은 돕는 좋은 관계를 유지하고 있다.

솔깃한 동업제안

사쇼는 제레프가 사업을 위해 퇴사하면서 새로 채용한 세일즈 매니저다. 그는 거구의 제레프와는 달리 체격도 적당하고 아주 핸섬한 남자였다. 원래 세일즈 매니저는 사람을 많이 만나는 일이라 외모가 중요했는데, 그는 누가 봐도 호감을 가질 만했다. 영업 쪽의 경력이 상당하고, 영어 실력이 뛰어난데다, 마이크로버스^{microbus} 한 대를 갖고 있다며 자기를 뽑으면 회사에 여러 모로 도움이 될 거란 말을 했다. 불가리아 사람들은 대체로 수동적이라 그저 시키는 일만 묵묵히 하곤 했는데, 그에 비해 사쇼는 굉장히 적극적이라 상당한 기대를 갖고 그를 채용했다. 그는 내 기대 이상으로 빠릿빠릿하게 일을 잘했고, 얼마 지나지 않아 나의 두터운 신임을 받게 되었다. 나보다 나이가 다섯 살 정도 많아서인지는 몰라도 세상사에 능통하고 노련한 그를 보며 사람 하나는 잘 뽑았다고 생각했다.

그러던 어느 날 사쇼가 내게 물었다.
"미스터 팍! 오토^{OTTO}라고, 들어본 적 있어요?"
"오토? 글세요…."

"독일의 통신판매 의류회산데 우리 친척이 거기 재고담당자를 잘 알고 있답니다."

"아하. 그러고 보니 들어본 것도 같네요."

독일 함부르크에 본사가 있는 오토OTTO사는 무점포 판매를 하는 대기업이다. 지금은 인터넷을 통해서도 판매하지만 당시엔 주로 카탈로그를 통해 의류를 판매하는 것이 핵심사업이었다. 사쇼의 얘기에 갑자기 흥미가 생겼다.

"그런데요?"

"우리가 오토의 재고의류를 들여와 팔면 어떨까 해서요. 독일에 우리 친척분이 사는데, 오토하고 거래를 트는 게 도움을 주겠답니다. 좋은 기회 같지 않아요?"

의류는 그동안 한 번도 취급하지 않았지만 그의 얘기를 듣고 보니 솔깃해졌다.

"그럼 일단 그 친척이라는 분을 만나볼까요?"

"좋아요. 다음 주말에 베를린에 같이 가시죠."

다음 주말 사쇼와 함께 베를린에 간 나는 그의 사촌 형인 물라데노프를 만났다. 그는 사쇼보다도 너댓 살이 많았는데, 독일로 오래 전에 이주하여 작은 잡화점을 운영하고 있었다. 여유 있는 태도에 매너도 세련되고 어딘지 모르게 사업적 연륜이 느껴지는 그를 보며 믿음이 갔다. 그런데 그는, 당시 서른셋이었던 내 나이보다도 한참 어려보이는 나를 보고 깜짝 놀란 듯했다. 서양 사람에 비하면 동양인은 대체로 동안이라 나이보다 한참 어려보이는 게 사실이다. 한국에서도 나이보다 어려 보인다는 소리를 곧잘 들었는데 불가리아에서는 유학생이냐고 묻는 사람들이 많았고, 심지어는 고등학생이냐고 묻기도 했다. 하지만 나이보다 어려보이는 게 사업을 할 때는 오히려 흠이 되기도 했다.

물라데노프에게 좋은 인상을 받았기에 화기애애한 분위기 속에서 대화가 진행되었다.

"불가리아 사람으로서 독일에서 사업하는 데 어려움이 많았을 텐데, 잡화점도 잘 운영하시고 참 대단하십니다. 그런데 독일에서 사업한 지는 얼마나 되셨습니까?"

"한 10년 정도 됩니다. 공산주의 시절, 독일에서 살 수 있는 기회가 있었는데 그때 눌러앉아 사업을 시작하게 됐어요. 잡화점에서 취급하는 물품은 대부분 도매로 독일의 여러 곳에 판매를 하고 있습니다. 그러다 보니 물건 구매를 위해 독일 전역을 자동차로 누비고 다니지요. 1년에 약 10만km를 운행하면서 사업을 하고 있습니다."

"아, 네. 10년이면 이곳에 완전히 자리를 잡으셨겠네요."

"뭐 그렇다고 볼 수 있죠. 하지만 여기까지 오는 데 어려움이 정말 많았습니다. 미스터 팍도 잘 알겠지만 자기네 나라도 아닌 외국에서 사업을 벌이는 게 얼마나 어려운 일입니까? 불가리아에서 온 내가 현지인인 독일 사람을 고용해서 사업을 하면서 암묵적인 차별과 멸시를 받은 적이 한두 번이 아니었어요. 사업을 하다 어려움이 닥치면 '그것 봐라. 불가리아에서 온 네가 뛰어봐야 벼룩이지, 별 수 있냐? 네가 월급 주니 일하고는 있지만 불가리아 사람이 독일에서 사업해서 퍽도 성공하겠다.' 직원들이 내 뒤에서 이런 말을 하는 걸 듣고, 얼마나 속이 상했는지 말로는 다 못합니다."

그의 말에선 진정성이 느껴졌다. 외국에서 사업을 한다는 게 외롭고도 지난한 마라톤과 같은데, 그 험하고 힘든 길을 그도 함께 걷고 있다는 생각에 동질감이 생겼다. 베를린에 있는 그의 집에서 하룻밤을 묵으며 불가리아와 독일의 시장상황, 의류산업의 비전 등에 대해 많은 이야기를 나누었다.

물라데노프의 설명에 따르면 오토^{OTTO}의 구매정책상 일정 분량의 재고를 통상적으로 가지고 가는데 이를 도매업자들에게 값싸게 공급한다고 했다. 더구나 철 지난 이월상품은 물론 신상품까지도 저렴한 가격에 들여올 수 있다고 했다. 물자가 부족한 불가리아에 오토의 재고의류를 들여와 의류 소매상들에게 비교적 염가에 팔면 반응이 폭발적일 듯했다.

물라데노프, 사쇼와 함께 동업을 하기로 결심한 나는 '샵 포 샵스 Shop for Shops:가게를 위한 가게' 라는 프로젝트 이름을 내걸고 불가리아에서 의류도매사업을 하기로 했다. 오토로부터 재고의류를 구매하는 것은 물라데노프가 맡고, 사쇼와 나는 불가리아에서 의류도매 매장을 통한 판매와 영업, 홍보를 맡기로 했다.

● ● ● 의류사업으로 대박을 꿈꾸다

얼마 뒤 사쇼와 나, 그리고 물라데노프는 오토의 수출담당 부서 및 창고가 있는 라이프치히로 차를 몰았다. 오토의 수출담당자와 구체적인 협상을 갖기 위한 방문이었다. 담당자는 우리 일행을 반갑게 맞았고, 물라데노프가 유창한 독일어로 상담을 진행했다. 우리의 방문 목적 및 의향을 미리 알고서 만반의 준비를 해 둔 담당자 덕분에 상담은 순풍에 돛 단 듯이 순조롭게 진행되었고, 오토의 재고의류 거래에 관한 계약이 마침내 성사되었다.

계약을 주도한 물라데노프에 대한 믿음은 그 자리에서 감탄으로 바뀌었다. 독일어라곤 '구텐 모르겐guten morgen:안녕하세요' 과 '당케danke:고맙습니다' 밖에 모르는 나였지만, 그가 계약을 성사시키며 상대에게 보여준 태도며 말투, 단어 선택, 제스처들이 어디 하나 나무랄 데 없이 완벽함을 충분히 느낄 수 있었다. '아, 사업을 할 땐 저래야 하는 거구나. 난 아직도 배울 게 많구나.' 프로페셔널한 비즈니스맨의 정석을 보여주는 그의 머리 뒤로 언뜻 후광이 비치는 듯도 했다.

좋은 조건으로 거래를 마치고 기분이 좋아진 나는 불가리아로 돌아와 의류사업을 할 매장을 물색했다. 소피아에서 도매시장으로 이름이 난 일리엔치 시장 안에 500평 남짓한 대규모 쇼핑몰을 열기로 결정하고 임대계약을 체결했다. 그리고는 인테리어 작업, 의류 판매 및 판매대 점검, 재고의류 정리 작업을 위한 사전준비를 시작했다. 개장식 D-Day를 5일 정도 앞둔 시점에 미리 즌비한 '샵 포 샵스' 프로젝트에 대한 광고를 주요 TV채널의 황금시간대에 대대적으로 내보냈다.

드디어 쇼핑몰 개장식 날, 미리 초청된 불가리아 주재 한국 대사와 불가리아 상공회의소장 등 VIP들이 참석해 오프닝 테이프를 끊었다. TV, 신문, 라디오 기자들도 우르르 몰려들어 취재경쟁을 펼쳤다. 첫날부터 뭔가 대박의 조짐이 보였는데, 실용적이면서도 품질이 좋은 재고의류를 합리적인 가격에 공급하자 기대 이상으로 반응이 좋았다. 쇼핑몰은 연일 사람들로 북적거렸고, 옷이 날개 돋친 듯 팔려 첫 물량이 예상보다 빠르게 소진되었다. 그래서 바로 재구매 주문을 독일로 보냈고, 수익금 대부분이 오토에 새 주문을 넣는 데 투입되었다. 사업을 시작한 후 이렇게 폭발적인 반응은 처음이라 너무 기뻤고, 사업을 제안한 사쇼와 물라데노프 역시 입이 귀에 걸렸다.

불가리아에 라면을 소개한 지 3년이 지나면서 점차 판매량이 늘어갔지만 의류 쪽에 올인해야 하는 건 아닐까 고민할 정도였다.

그러던 어느 날 매장을 둘러보고 있는데 사쇼가 다가왔다. 표정이 좋지 않았다.

"미스터 팍! 문제가 생겼어요."

"무슨 일인데요?"

"오토에서 우리하고 거래를 중단하겠대요."

"아니, 갑자기 왜요?"

"저도 모르겠습니다."

"물라데노프하곤 얘기해 봤어요?"

"휴가 중이라 아직이요. 제가 생각을 좀 해봤는데요, 아무래도 여기서 장사가 너무 잘 되니까 제동을 거는 것 같아요. 재고의류 단가를 좀 더 높여서 팔려구요."

"글쎄요, 그럴 수도 있겠네요."

며칠 후 물라데노프에게 전화를 걸어 오토 담당자와 얘기를 잘 해보라고 했다. 물라데노프는 걱정 말라며 나를 안심시키고는 전화를 끊었다.

그러나 상황이 개선될 기미가 좀처럼 안 보였다. 재고의류 공급은 뚝 끊어지고, 갖고 있던 물량은 다 소진되고, 얼마 안 가 매장이 텅텅 비었다. 옷을 사러 온 사람들은 괜히 헛걸음만 했다며 불만을 쏟아냈고, 업주들 역시 대책을 세우지 않으면 가만있지 않겠다고 아우성이었다. 궁여지책으로 다른 브랜드의 의류를 매장에 들여왔지만 손님들은 오토 제품이 아니지 않냐며 매정하게 발걸음을 돌렸다.

나는 다시 물라데노프에게 전화를 했다.

"아무래도 안 되겠어요. 내가 직접 오토 본사에 가서 협상을 해볼게요."

"조급해 하지 말고 기다려봐요. 구매담당자가 갑자기 바뀌어서 그런 거니까."

"이대로 가다간 쇼핑몰 문 닫을지도 몰라요!"

"내가 알아서 해결할 테니까 기다려요. 괜히 긁어 부스럼 만들지 말고."

구매담당은 물라데노프였기 때문에 그의 말을 무시할 수는 없었다. 어쩔 수 없이 그를 믿고 조금만 더 기다려 보기로 했다.

잊을 수 없는 굴욕의 순간

의류매장은 매번 새로운 상품을 들여와 구색을 맞추어야만 한다. 신상품과 함께 기존의 재고상품을 새로운 디스플레이로 함께 진열해서 매장을 꾸며주어야 신상품과 더불어 재고상품의 판매가 이뤄지기 때문이다. 그런데 오토에서의 의류 공급이 뚝 끊기면서 신상품은 물론 재고상품도 매장에서 자취를 감추었고, 옷을 구매하기 위해 지방 도시에서 소피아까지 온 거래처 고객들은 초라한 매장을 보며 불만을 토로하기 시작했다. 하루하루 손실이 늘어만 갔고, 정말이지 죽을 맛이었다.

그때 평소 잘 알고 지내던 한국인 유학생 한 사람이 내게 귀띔을 해주었다.

"박 사장님! 소피아 외곽의 어느 매장에선가 오토 의류를 팔던데요?"

"설마… 그럴리가요?"

"며칠 전에 지나가다 우연히 봤는데 거기 옷 맞더라구요."

독점계약인 줄 알았는데, 오토가 우리를 배신하고 다른 회사와 거래를 하다니, 이럴 수가! 세계적인 통신판매 의류회사가 참 쪼잔하게도 군다 싶었다. 그런데 우리를 밀어내고 거래를 가로챈 게 도대체 누구지? 궁금해서 견딜 수가 없었다. 도저히 안 되겠어 차를 몰고 유학생이 알려준 그 매장으로 갔다.

그곳엔 정말로 오토의 재고의류가 매장 가득 전시되어 있었고 옷을 사려는 사람들로 문전성시를 이루었다. 그걸 보니 부아가 치밀었다. 매장 직원 하나를 붙들고 여기 사장이 누구냐고 물었다. 그러자 직원이 한쪽을 가리키며 말했다.

"사장님 저기 계시는데요."

직원이 가리킨 쪽을 본 순간, 눈을 의심하지 않을 수 없었다. 거기엔 사쇼가 여유만만한 표정으로 매장을 둘러보고 있었다. 둔기로 머리를 세게 얻어맞은 듯 한동안 멍했다. 사쇼가 왜 여기 있지? 사장을 찾는데, 왜 사쇼를 가리키는 걸까? 그럼 이 매장의 주인이 사쇼라는 건가?

그때 뭔가가 뇌리를 스쳤다. 아! 내가 그들에게 속았구나. 오토의 구매담당자와 문제가 생겼다는 건 전부 거짓말이구나. 일리엔치의 매장은 물건이 없어서 망해 가는데 이렇게 다른 데로 물건을 빼돌리고 나를 속이다니. 의류사업이 생각보다 훨씬 잘 되자 욕심이 난 사쇼와 물라데노프는 동업자인 나를 밀어내고 자기들끼리 사업을 하기 위해 한바탕 쇼를 한 거였다.

그때 사쇼가 고개를 들었고, 나와 눈이 마주쳤다. 파랗게 질린 얼굴로 부들부들 떠는 나를 보고 놀랄 줄 알았는데, 그는 별로 당황한 기색도 없이 오히려 담담한 시선을 던졌다. 뭐랄까, 드디어 올 것이 왔구나 하는 표정이랄까? 떨리는 목소리로 할 말이 있다고 하자 침착하게 알았다고 했다.

그와 함께 매장 일각의 사무실로 간 나는 어떻게 이럴 수가 있냐며 따지기 시작했다. 그러자 그는 이런저런 이유를 대며 말도 안 되는 트집을 잡더니, 어쨌든 자기와 물라데노프는 나와 같이 사업을 할 수 없다고 딱 잘라 말했다. 쓰라린 배신감에 치가 떨렸다.
"당신들 때문에 내가 얼마나 손해를 본 지 알아요? 정 이렇게 나오면 나도 가만 안 있어요!"
"마음대로 해요. 안 말릴 테니까."
그는 이제 더 할 말도 없다는 듯 휑하니 가버렸다.
그가 그렇게 세게 나온 건 다 이유가 있어서였다. 동업에 대한 세부사항을 문서로 작성하고, 서로 책임져야 할 부분과 발생 가능한 문제에 대해 미리 짚고 넘어갔어야 했는데, 그런 안전장치가 하나도 없었기 때문이다. 동양에서 온 이방인에, 멋모르는 애송이 사장이었던 나는 사업가로서 너무나도 철이 없고 순진했다. 그저 내가 선의를 갖고 대하면 상대로 당연히 선의로 응하리라 생각하며 호의적인 말과 인간적인 믿음, 도리, 이런 것들에 의지했는데, 그게 치명적인 실수였다.
믿고 의지했던 직원에게 무참히 배신을 당하자 분하고 원통해 잠을 이룰 수 없었다. 전에 제레프가 나 몰래 라면을 들여와 팔던 일은 이번 건에 비하면 배신 축에도 못 끼는 일이었다.

그 다음 날 소피아에 와 있는 물라데노프와 사쇼를 만났다. 이대로 순순히 물러날 순 없어 동업은 이미 깨졌다 해도 내가 본 손실액은 보상해 달라고, 그러면 일리엔치 매장을 모두 넘겨주겠다고 협상안을 제시했다. 그러나 그들은 내 요구를 일언지하에 거절했다. 다급해진 나는 의류사업에 들어간 원금만이라도 건지게 해달라며 거의 애원하다시피 했다. 사쇼와 물라데노프는 자신들이 오토로부터의 구매 권리를 꽉 틀어쥐고서 매장에 상품을 공급하지 않는 한 내가 어찌할 도리가 없다는 걸 너무나 잘 알고 있었다. 나중에야 알게된 사실이지만, 그들이 강 건너 불구경하듯 죽어가는 매장을 내버려둔 것도 어차피 매장이 그들 손에 들어오리라는 계산이 있어서였고, 매장 임대계약을 자기들 쪽으로 돌리기 위해 매장 소유주와 물밑 접촉까지 끝낸 상황이었다. 개들이 싸움을 할 때 상대 개가 배를 보이고 누우면 싸움에 졌다는 걸 인정하는 거고, 그러면 싸움이 끝나는 법인데, 아무 것도 할 수 없는 상태에서 내가 배를 보이며 살려달라 애원했지만 그들은 꿈쩍도 하지 않았다.

원금 전부가 아니면 일부라도 돌려달라고 다시 사정하자 사쇼가 성가신 표정으로 서류 하나를 내 앞에 내밀었다. 뭔가 하고 들여다보니 우리 회사의 회계자료였다. 세금을 조금이라도 덜 내려고 절세 차원에서 만든 서류였는데, 그걸 보는 순간 알 수 있었다. '더 이상 귀찮게 하지 마라. 까불면 이거 확 불어버린다?' 뭐 그런 뜻이었다.

그걸 보며 정말이지 참담한 심정이었다. 억울하게 당한 걸 보상받을 대비책이 나에겐 아무 것도 없는데, 그는 벌써 내 약점까지 꿰뚫어 보고 그런 서류를 준비한 거다. 그때 나를 쳐다보던 사쇼의 얼굴을 지금도 잊을 수가 없다. 아무 것도 모르는 어린애를 보며 비웃듯 잔인하고 서늘한 그 표정. '순진한 녀석. 그렇게 어리버리해가지고 불가리아에서 사업을 하겠다고? 가서 엄마 젖이나 더 먹고 와라.' 말은 안 했지만 그런 소리가 들리는 듯했다. 그런 사쇼가 퇴사 직후에 우리 거래처를 돌아다니며 외상대금을 수령해서 횡령한 사실을 얼마 뒤에 알게 되었는데, 그때는 이미 놀랍지도 않았다.

포기는 배추를 셀 때나 쓰는 말이다

그렇게 해서 큰 손실을 본 나는 의류사업에서 완전히 손을 뗄 수밖에 없었다. 회사를 나간 사쇼는 물라데노프와 함께 오토와 연계된 의류사업을 계속했다. 남의 가슴에 못 박으면 천벌을 받는다지만 그들의 사업은 탄탄대로를 달렸다.

　실의에 빠진 나는 금전적인 손실보다도, 믿었던 사람들에게 배신당했다는 아픔과 상처 때문에 아무 것도 할 수 없었다. 내가 얼마나 어설프고 만만해 보였으면 그랬을까? 나는 왜 그렇게 아무 것도 모르고 대책 없이 순진했을까? 일도 일이지만 사람 보는 눈이 왜 그렇게 없었을까?

　불가리아에 오기 전, 한국에서 여러 회사를 전전한 게 갑자기 뼈저리게 후회됐다. 진득하게 한 회사를 다니며 대인관계나 조직관리, 비즈니스 전반에 대한 걸 제대로 배우고 왔어야 하는 건데. 아니, 차라리 불가리아행을 택하지 말고 한국에서 회사를 다니거나 사업을 했으면 이방인으로서 이런 수모는 겪지 않았을 텐데. 젊음과 패기만으로 사업이 되는 게 아니구나. 내가 너무 무모했구나….

　처음 불가리아에 들어올 땐 한 3년이면 큰돈을 벌어 한국에 돌아갈 수 있을 거라 생각했는데, 3년이 지난 이 시점에 이 무슨 낭패인가. 세상 모든 일에 회의가 들어 일도 하기 싫어졌고, 어디론가 숨고만 싶었다.

　사쇼와의 일이 알려지자 회사 직원들은 안됐다는 시선으로 나를 쳐다봤다. 사장으로서 정말이지 위신이 서지 않았다. 이대로 사업을 계속할 수 있을지도 의심스러웠다.

몸과 마음이 지친 가운데 하루하루를 어떻게 보냈는지도 모를 만큼 힘겨웠던 그 무렵, 사무실에 늦도록 남아 이 생각 저 생각을 하다 집에 돌아온 어느 날이었다. 아이들 방문을 빼꼼히 열어 보니 두 딸 모두 쌔근쌔근 숨소리를 내며 잠들어 있었다. 그 때 큰딸인 하나는 아홉 살, 작은딸 하림이는 여섯 살이었다. 아이들 얼굴을 물끄러미 보다가 조용히 문을 닫고 나오려는데, 잠든 하나가 갑자기 러시아어로 잠꼬대를 하는 거였다.

3년 전 가족을 데리고 소피아에 들어왔을 때, 영어권 학교가 없어서 하나를 러시아 대사관에서 운영하는 유치원에 다니게 했다. 러시아의 국가적 지위와 불가리아와의 긴밀한 외교관계로 인해 러시아 대사관은 소피아의 중심지에 위치해 있었고, 대사관 직원아파트 및 유치원 역시 대사관 내에 있었는데, 불가리아 유치원보다는 시설이며 환경이 낫다고 판단했다. 러시아 유치원에 입학하던 첫날, 노란 머리의 러시아 아이들 틈에서 어찌할 바를 모르고 아빠만 물끄러미 쳐다보던 하나의 그 커다란 눈망울이 지금도 눈앞에 생생하다. 하나를 거기 두고 나오려는데 차마 발이 떨어지지 않아 교실 밖에서 한참을 안타깝게 지켜보았다. 한국에서, 같은 한국 친구들과 거리낌 없이 뛰어놀아야 할 아이가 사업을 한답시고 불가리아까지 온 아빠 때문에 괜한 고생을 하는 건 아닐까? 어린 것이 낯선 외국 땅에서 적응하기가 얼마나 힘들었으면 잠을 자면서까지 한국말도 아닌 러시아말로 잠꼬대를 할까? 마음이 짠해져서 하나 옆에 한참을 앉아 있다가 방을 나왔다.

침실로 온 나는 아내에게 말했다.

"여보! 우리 그만 한국으로 돌아갈까?"

나의 마음고생을 익히 알고 있는 아내는 한숨을 푹 쉬었다.

"정말 그러고 싶어요?"

"할 만큼 해도 안 되면 포기할 줄도 알아야지."

"……"

사업에 대한 내 야심을 잘 알고 있는 아내인지라 눈빛에 안타까움이 배어나왔다.

"그동안 당신하고 애들 고생만 시킨 것 같아 미안해. 이제 그만 돌아가자."

"정 안 되겠음 그렇게 해요."

"일단 당신하고 애들 먼저 가. 나는 여기 일 다 정리하고 몇 달 있다가 들어갈게."

"지금 당신 속이 속이 아닐텐데, 어떻게 혼자만 두고 가요? 지금 가나, 좀 있다 가나 마찬가지에요. 이왕이면 같이 들어가요."

"그래, 알았어."

그 당시 라면이 일정 수량 꾸준히 팔리고는 있었지만 배신의 트라우마에서 헤어날 수가 없던 나는 사업을 다 정리하기로 결심했다.

제레프에게 라면사업권을 통째로 팔거나, 아니면 다른 사람에게 넘기고 불가리아를 떠나리라 마음먹었다. 회사 직원들에게도 그렇게 얘기하고 다른 일자리를 알아보라고 했더니 다들 예상하고 있었다는 듯 담담하게 받아들였다.

1994년 11월의 어느 날, 마지막 라면 컨테이너가 들어왔다. 보통 컨테이너가 도착하면 다음 날 아침에 인부들을 불러 창고에 물품을 하역하고 그날 저녁때쯤 빈 컨테이너를 돌려보내는 것이 일반적이었다. 그러나 이 물량만 거래처 업자들에게 넘겨주면 끝이라 생각하니 다음 날 인부들을 부를 것 없이 그냥 나 혼자 하역작업을 하려고 마음먹었다.

그날 밤 차를 몰고 창고 앞 컨테이너로 갔다. 일과시간 후에는 전기가 안 들어왔기 때문에 창고 주위가 캄캄했다. 운전석에 앉아 헤드라이트 너머 추적추적 내리는 겨울비를 바라보는데 그동안의 일들이 주마등처럼 눈앞을 스치고 지나갔다. 불가리아에 처음 출장 왔던 일, 가족을 데리고 소피아에 도착했던 날, 숙소 겸 사무실에서 제레프와 라면을 끓여먹던 기억, 쓰레기 운동화를 분리수거하느라 죽도록 고생했던 일, 요구르트 광고팀과 불가리아 전역을 누비고 다녔던 로케이션헌팅, 라면 샘플을 들고 제레프와 함께 마트 구매담당자를 찾아다니며 홍보하던 일….

그러다 문득 정신을 차리고 차에서 내렸다. 건장한 인부 다섯 명이 한나절을 걸려 작업해야 할 일을 혼자서 해야했기에 감상에 젖을 시간조차 없었다. 캄캄한 주위를 자동차 헤드라이트 불빛으로 밝히고 컨테이너의 물건을 내리기 시작했다. 날씨가 추웠지만 혼자서 그 많은 짐을 내리다 보니 땀이 비 오듯 쏟아졌고 겨울비까지 가세해 옷을 적시자, 결국 웃옷을 벗고 러닝셔츠 하나만 걸친 채 일했다. 이제 이 물건만 넘기면 끝이라는 생각에 홀가분하기는커녕 입 안이 쓰고 착잡했다. 불가리아에서 사업을 하겠다고 제법 큰소리치고 떠났는데, 이렇게 초라한 모습으로 돌아가면 다들 뭐라고 할까? 그들의 목소리가 환청처럼 귓가를 울렸다.

"내가 너 그럴 줄 알았다. 쯔쯔… 그냥 한국에서 잠자코 회사나 다닐 것이지."

"한국에서 그렇게 열심히 일했으면 벌써 자리 잡고도 남았겠다. 안 그래?"

"사업이란 게 국내에서도 하기 힘든 건데, 불가리아는 무슨 불가리아야? 어째 불안하더라니."

"남들이 극구 말릴 땐 다 이유가 있는 거야."

그러다 보니 사쇼의 얼굴도 떠올랐다. 내가 한국으로 돌아갔다는 말을 들으면 어떤 반응을 보일까? 아마도 피식 콧방귀를 뀌거나, 예의 그 서늘한 미소를 짓겠지? 잊을 수 없는 그 표정이 다시 눈앞에 떠오르자 진저리가 났다. 사쇼에 대한 기억도, 불가리아에서의 추억도 다 부질없는 일이라 생각하고는, 라면 박스를 어깨에 메었다가 창고에 내리는 반복적인 작업에만 열중했다. 마라톤을 할 때 일정 시간이 지나면 머릿속이 텅 비면서 내가 지금 뛰고 있다는 느낌 자체가 없어지는 순간이 있는데, 오랜 시간 단순하고 기계적인 하역작업을 반복하다 보니 복잡하게 뒤엉킨 머릿속이 비워져 갔다. 그러다 라면 컨테이너가 거의 다 비워져 갈 무렵, 문득 이런 생각이 들었다. 내가 왜 이렇게 약해졌지? 경험도 없이 외국에서 사업을 벌일 만큼 과감하고 무모했던 내가 이 정도 위기도 견디지 못하다니. 왜 이렇게 위축되고 작아졌을까? 사람에 대한 신뢰를 잃어버려 비참하고 괴롭다 해도, 다 포기하고 돌아갈 만큼 최악의 상황은 아니지 않나? 그래, 나는 아직 패배한 게 아냐. 여기서 두 손 들고 한국에 돌아가 나의 무모함을 인정하는 거, 그게 진짜 패배지.

갑자기 정신이 번쩍 들었다. 그래, 포기란 배추를 셀 때나 쓰는 말이다. 나에게 포기란 없다!

도전하라, 한 번도 실패하지 않은 것처럼

러닝셔츠만 입은 채 겨울비를 온몸으로 맞으며 밤새 일한 나는 새벽녘에야 집에 돌아왔다. 인기척에 잠에서 깬 아내가 걱정스런 얼굴로 나를 맞았다. 내 몰골을 보고 그 괴로운 마음을 짐작하고도 남음이 있었던지, 아내는 아무 말 없이 수건과 아스피린 한 알을 건네주었다.

'내일 아침부터 다시 시작이다.' 이렇게 굳게 마음먹었지만 아내에게는 내색하지 않고 샤워를 마친 후 아스피린을 먹고 바로 잠자리에 들었다. 고된 노동 탓이었는지, 아니면 마음을 비우고 평온을 찾아서인지 달콤하고 깊은 잠 속으로 빨려 들어갔다.

다음 날 오후 사무실에 출근해 보니, 츠베티라는 여비서 혼자 덩그러니 사무실을 지키고 있었다. 내게 커피 한 잔을 내미는 츠베티에게 이렇게 말했다.

"다시 시작하기로 생각을 바꿨습니다. 여기서 포기하면 나중에 엄청 후회할 것 같아서요."

"잘 생각했어요, 미스터 박. 안 그래도 요즘 라면이 꾸준히 팔리는데, 여기서 포기하긴 아깝잖아요."

"그렇게 말해줘서 고마워요."

"사실 이제야 말이 나와서 하는 말인데 사쇼 그 친구, 내가 그럴 줄 알았어요. 평소에도 어찌나 약삭빠르게 구는지, 사람들 사이에서 인심을 잃었거든요. 저러다 언젠가 일내겠다 싶었는데, 결국 제 생각이 맞았지 뭐에요?"

그녀는 자기의 선견지명이 들어맞은 게 아주 신통방통한 모양이었다.

"그런 사람치고 나중에 잘 되는 꼴 못 봤어요. 아마 천벌 받을 거예요."

그녀는 자기가 당한 일인 양 분한 듯 이를 갈았다. 사쇼에게 개인적으로 쌓인 게 많은 모양이었다. 끝없이 이어지는 사쇼에 대한 원망과 저주를 중단시키고, 이렇게 말했다.

"츠베티. 혹시 다른 일자리 구했나요?"

"아뇨, 아직이요."

"그럼 회사에 남아줄래요? 다른 사람은 몰라도 츠베티는 남아줬으면 좋겠어요."

"알았어요. 미스터 팍! 마음 단단히 먹고 힘내세요!!! 앞으론 다 잘 될 거에요."

그녀의 따뜻하고 진심 어린 위로에 힘이 절로 났다. 회사에 문제가 생겼을 때마다 직원들이 나를 위로하며 걱정하는 듯 말했지만, 이상하게도 그들이 말로만 그런다는 느낌을 강하게 받았었다. 입으로는 걱정하는 척 했지만 그들의 눈빛에서는 진심이나 온기가 전해

지지 않았다. 오히려 사쇼가 그랬던 것처럼 비웃는 듯한 서늘함이 느껴졌다. 그것 때문에 마음고생도 많이 했는데. 그녀에게서 따뜻한 위로를 받으니 천군만마를 얻은 기분이었다.

당시 우리 회사는 소피아 시내 중심가에 큰 사무실을 임대해 사용하고 있었는데, 이참에 분위기도 쇄신하고 비싼 임대료를 줄일 생각에 사무실 이전을 결심했다. 당시 우리 가족이 11층에 살고 있는 아파트 블록의 5층에 아파트 한 채를 임대해 사무실로 사용하기로 했다. 다시 사업을 재개한 나는 그만둔 직원들 몫까지 감당하느라 몸이 열 개라도 부족할 만큼 바빠졌다. 츠베티 역시 업무량이 많아 힘들어하는 걸 보고, 신문에 직원채용 광고를 내야겠다 생각했다.

그러던 어느 날 양말과 가방, 문구류들이 적재된 잡화 컨테이너가 한국에서 도착했다. 수입 통관을 마친 컨테이너가 창고 앞에서 하역작업을 기다리고 있는데, 나는 도저히 시간이 나지 않아 츠베티를 보내 하역 인부들에게 작업지시를 내리도록 했다. 그런데 내 일이 생각보다 일찍 끝나서 혼자 고생할 츠베티를 거들기 위해 차를 몰고 창고 앞으로 갔다.

인부들이 열심히 하역작업을 하고 있었고 츠베티가 감독을 하며 이것저것 지시하는 게 보였다. 반갑게 그녀를 부르며 다가가려던 그 순간, 보지 말았어야 할 광경을 목격하고 말았다. 그녀가 조심스럽게 주위를 두리번거리더니 어깨에 두르고 있던 가방에 컨테이너의 양말 꾸러미를 잔뜩 구겨 넣는 것이었다. 배신감에 다시 한 번 가슴이 무너져 내렸다. 그냥 못 본 척 할까? 아니면 나서서 어떻게 된 거냐고 따질까? 잠시 갈등하다가 그녀에게로 갔다.

"츠베티!"

내가 나타나자 그녀는 깜짝 놀랐다.

"어머, 오셨어요?"

"물건은 잘 들어왔어요?"

"네."

"수량이 맞는지 잘 체크했구요?"

"그럼요."

하역작업이 끝날 때까지 창고에 같이 있으면서, 그녀 얼굴을 똑바로 쳐다볼 수가 없었다. 작업이 완료된 후 사무실에 도착해 츠베티에게 차분히 물었다.

"나한테 뭐 하고 싶은 말 없어요?"

"네에? 갑자기 그게 무슨…?"

"나한테 뭐 숨기는 거 없냐구요?"

"숨기다니, 제가 뭘요?"

그녀는 펄쩍 뛰며 억울해했다.

"츠베티. 지금이라도 잘못을 인정하면 없던 일로 할게요. 내게 남아있는 사람이 츠베티 말고 누가 있습니까? 사람이란 게 욕심이 생기면 실수할 수도 있는 법이라 생각해요. 지금이라도 솔직하게 말을 하면 다 없던 일로 하겠습니다."

사실 나는 츠베티를 놓치고 싶지 않았다. 거래처 관계며, 사무실의 업무 흐름을 나 외에 가장 잘 알고 있는 직원이 그녀 아닌가? 다시 사업을 시작하려는 마당에, 업무 내용을 속속들이 파악하고 있는 츠베티는 없어서는 안 될 중요한 사람이었다. 그래서 그냥 모른 척 넘어갈까 생각하기도 했다. 그러나 새로운 시작을 위해서라도 그 일은 꼭 짚고 넘어가야만 했다.

내 진심 어린 설득에도 불구하고 그녀가 잘못을 인정하려 들지 않자 결국 이렇게 말할 수밖에 없었다.

"츠베티. 당신 가방 이리 줘보세요."

정말 그렇게까지 하고 싶지는 않았지만 어쩔 수 없었다.

"아니, 왜 그러세요?"

츠베티의 얼굴이 파랗게 질리며 눈가가 파르르 떨렸지만 이미 내 손에 가방이 열리고 양말꾸러미가 모습을 드러냈다. 그런데도 그녀는 내가 납득할 수 없는 핑계를 대며 자기는 결백하다고 말했고, 내가 다 봤다고 말해도 끝까지 잡아뗐다. 그냥 솔직하게 잘못을 인정하며 "I'm sorry."라고 말했더라면 좋았을 텐데. 그랬다면 다시는 이런 일이 없도록 하겠다는 약속을 받아내고 그냥 덮으려고 했는데.

결국 츠베티마저 내보내고 나 혼자 덜렁 남았다. 며칠 동안 사무실에 덩그러니 혼자 앉아서 여러 가지 생각을 했다. 초심으로 돌아가 사업을 다시 시작하겠다는 마음을 먹고난 후 처음으로 지난 시간들을 차분히 돌아보며 정리하는 시간을 가졌다. 왜 내게 이런 일들이 일어났을까? 사쇼와 물라데노프, 그리고 츠베티까지, 왜 이런 악연이 나를 찾아왔을까? 그저 운이 없어서 질이 나쁜 직원들을 만났다고 생각해야 하는 걸까?

그렇게 지난 일을 돌아보며 복기하다 보니, 생각이 조금씩 달라지기 시작했다. 사실 사쇼나 물라데노프나 츠베티가 대단히 문제 있고 못된 사람이라기보다는, 내가 여러 모로 부족하고 사장으로서 충분히 준비가 안 돼 그런 일을 당했다고 보는 것이 옳다. 동양에서 온 나이 서른의 새파랗게 젊은 사장이 불가리아 상황도 잘 모르고 조직관리에 대한 경험도 없이, 어설프게 회사를 이끌어가는 걸 보고 그들이 어떤 생각을 품었을지 이해하고도 남음이 있다. 결국 회사의 조직관리를 허술히 하고, 시스템을 만드는 데 안이했던 나의 불찰이 불가리아 직원들에게 나쁜 맘을 먹을 수 있는 빌미를 제공했던 것이리라.

그리고 또 하나 무시할 수 없는 요인이 있는데, 그것은 그 당시 불가리아 사람들의 모럴 해저드moral hazard라 할 수 있다. 갑작스런 체제 변혁 속에서 모든 것이 혼란스럽고 어수선했던 그 시절, 개방의 달콤한 과실을 선점하기 위해 몰려든 외국인 기업가들로 인해 불가리아 사람들도 혼란을 겪었을 테지만, 현지 상황에 어두운 외국인 기업가들을 이용해 한탕주의의 유혹에 빠진 불가리아 사람들도 꽤 있었던 것 같다. 사쇼나 물라데노프, 츠베티도 그런 불가리아 사람 중의 하나였을 뿐이다.

그런 생각을 하다 보니 그들에게 당한 것을 억울해하고 원망하는 마음이 잦아들면서 이제부터는 정말 준비된 사장으로서 제대로 일해보리라 결심이 섰다. 다시 기운을 차린 나는 한 번도 실패하지 않은 것처럼 꿋꿋이 도전하리라 마음먹고 신문에 광고를 내 새로운 직원을 채용했다.

총구의 서늘한 감촉

새로 직원들을 뽑으면서 사업이 점차 안정적으로 자리를 잡아갔고, 회사 규모가 조금씩 커지면서 회계사가 필요해졌다. 그런데 자본주의가 급격하게 도입되면서 혼란스럽기 짝이 없던 개방 초기에는 제대로 된 회계사 구하기가 하늘의 별 따기였다. 공산주의 국가라고 해서 회계사가 없었던 것은 아니지만 과거의 회계 경험은 체제 변혁 이후 자본주의가 도입된 상황에서는 거의 쓸모가 없었다. 오히려 공산주의 시절의 회계 경험이 현재의 업무에 방해가 돼 전보다 일을 더 못하는 회계사들도 많았다. 체제가 변하면서 자고 일어나면 새로운 회계법규가 만들어지는 상황이라 발빠르게 대처해야 했는데, 새로운 법규에 따라가기는커녕 옛것을 고집하며 업무에 차질을 빚는 경우도 다반사였다. 무엇보다도 법규나 시스템이 정비돼 있지 않은 관계로 내가 채용하려는 회계사가 얼마나 능력 있는 사람인지 가늠하기가 어려웠고, 믿을 만한 검증 시스템보다는 내 감에 다분히 의존해야만 했다.

내가 처음으로 고용한 회계사는 토모프라는 남자였다. 활달하고 터프한 성격의 토모프는 일단 영어를 잘 했고, 이력서를 보니 회계 업무에 경험이 많아 채용을 결정했다.
   그런데 그로부터 한두 달쯤 지났을 무렵, 휴게실을 지나가다 토모프를 보고 깜짝 놀랐다. 인스턴트 커피가 가득 든 큰 유리병을 통째로 자기 머그잔에 들이붓는데, 커피 병의 3분의 1 정도를 털어 넣는 거였다. 세상에, 무슨 커피를 저렇게 독하게 마시지? 커피가 아니라 거의 사약 수준인데. 그걸 마시면 족히 한 달은 잠이 안 올 것 같았다. 바로 그때 그와 눈이 마주쳤다. 얼굴이 푸석푸석하고 눈이 벌겋게 충혈돼 있었다.

"어제 잠을 못 잤나 봐요?"

"예, 두 시간밖에 못 잤더니 아침부터 몽롱하네요."

"하긴. 그럴 땐 커피만한 게 없죠. 근데 너무 독하게 마시는 거 아니에요?"

"독하긴요. 이 정도는 돼야 정신이 번쩍 들죠. 미스터 팍도 한번 드셔보실래요?"

싱긋 웃으며 그가 권하는 커피를 격하게 사양하고는 그 자리를 떴다.

그런데 그 후로도 토모프가 사약 같은 커피를 마시는 걸 종종 보게 되었다. 또 밤잠을 설친 건가? 집에 무슨 일이 있나? 혹시 투잡족이어서 퇴근하고 밤에 다른 일을 하나? 별별 생각이 다 들었다.

그러다 며칠 후 회계서류를 가지러 그의 책상에 갔는데 마침 자리를 비우고 없었다. 서류를 대충 찾아서 가져오려는데 책상 밑에 라끼아 병 두세 개가 보였다. 라끼아는 한국의 소주와도 같이 불가리아를 대표하는 술로 꽤 독해서 도수가 40도쯤 됐는데, 술병이 모두 깨끗이 비워져 있었다. 설마, 토모프가 빈 병 모으는 게 취미는 아닐 테고, 그럼 이걸 회사에서 마셨다는 건가? 내가 발견한 게 맥

주 캔이나 와인 병이었다고 하더라도 사무실에서의 음주는 결코 그냥 넘길 수 없는 문제였는데, 독한 술인 라끼아는 더 말할 필요도 없었다.

다음 날 토모프를 내 방으로 불렀다.

"어제 당신 자리를 지나가다 우연히 빈 술병을 봤습니다. 어떻게 된 건지 설명해 보시겠어요?"

그는 별 일 아니라는 듯 다소 껄렁껄렁한 태도로 말했다.

"아, 그거요? 야근하고 사무실에 혼자 있다 마신 겁니다. 요즘 업무가 많아서 힘들다보니 한잔했습니다."

"퇴근하고 밖에서 술을 마시는 건 자유지만, 업무와 관련된 사무실에서 마시는 건 용납할 수 없습니다. 다음부턴 자제해 주세요."

"알겠습니다."

그러나 그 후로도 여러 번 그의 책상 밑에서 술병을 발견했고, 어디선가 그가 알코올중독자라는 얘기가 들려왔다. 어쩐지. 아침마다 얼굴이 꺼칠하고 푸석푸석하더라니. 그게 다 전날 밤의 과음 때문이구나. 사약 같은 독한 커피를 마신 것도 술 깨려고 그런 거구나. 그제서야 궁금증이 풀렸지만 그를 어떻게 해야할지 고민스러웠다.

일이라도 잘 하면 참아볼까 했는데, 토모프의 능력은 날이 갈수록 바닥을 드러냈다. 처음에 그를 채용할 때는 제법 실력 있는 회계사인줄 알았는데 같이 일을 하며 겪어보니 영 신통치 않았다. 이력서에 써진 경력이 진짜인지도 의심스러웠다.

설상가상으로 회사에 총을 갖고 다닌다는 소문이 들렸다. 설마 했는데, 어느 날 그가 휴게실에서 직원들과 농담을 하다 허리춤에 찬 총을 보여주며 장난치는 걸 보고 말았다. 불가리아는 정신감정 등의 일정한 테스트를 거치면 총기소지를 허가해주는 나라이다. 그러나 사무실에 총을 갖고 오는 것은 그냥 넘어갈 수 없었다.

그를 내보내기로 마음먹고 다른 회계사를 알아보기 시작했다. 그러다 연말 결산이 다가왔는데, 토모프가 작성한 서류를 보니 가관이었다. 차라리 내가 회계 공부를 하는 게 나을 듯했다.

그를 호출해 틀린 부분을 조목조목 짚어가며 지적하고 따졌다. 그런데 그때, 관자놀이에 뭔가 서늘한 감촉이 느껴졌다. 토모프가 총을 꺼내 내 머리에 겨눈 것이다. 그런 그에게서 술 냄새가 풍겼다. 그 순간, 머리끝이 쭈뼛하며 겁이 났지만 여기서 약한 모습을 보이고 꼬리를 내릴 수는 없었다.

"지금 뭐하는 겁니까?"

"날 해고하려고 다른 회계사 알아보는 거 다 알아."

혀 꼬부라진 소리로 그가 말했다. 토모프가 알아채지 못 하게 나름 조심했건만, 보기보다 눈치가 빠른 친구 같았다.

"그래서요?"

"내가 이 회사에서 얼마나 열심히 일했는데! 나한테 어떻게 이럴 수가 있어?"

"그렇게 억울해할 만큼 제대로 일을 했다고 생각합니까? 그랬다면 연말결산 서류가 이렇게 엉망일 순 없죠.

"일을 하다 보면 실수할 수도 있지. 이걸 트집 잡아서 날 쫓아내시겠다?"

"다른 일자리 알아볼 시간은 충분히 드리죠."

"누구 맘대로 날 쫓아내? 그렇겐 안 될 걸?"

토모프가 방아쇠를 철컥 당기자 가슴이 철렁했다. 정신 바짝 차리지 않으면 돌이킬 수 없는 사태가 벌어질 수도 있었다. 나는 침착하고도 단호하게 말했다.

"취해서 제정신이 아닌 것 같은데, 나중에 술 깨고 얘기합시다."

"나 안 취했어! 멀쩡하다니까!!!!!"

술 취한 사람이 자긴 안 취했다고 바득바득 우기는 건 동서양을 막론하고 똑같나 보다.

"말 들어요. 안 그럼 나중에 후회할 테니까."

적당히 위협하면 될 줄 알았는데, 방아쇠까지 당겨도 소용없자 토모프가 주춤하는 게 보였다. 그걸 보고 더 단호하게 말했다.

"총 내려놔요. 이래봤자 당신한테 좋을 거 없다는 거, 본인이 더 잘 알잖아요!"

잠시 갈등하던 토모프는 결국 총을 내렸다. 식은 땀 한 줄기가 등을 타고 흐르는 게 느껴졌다.

그가 방에서 나가자 갑자기 정신이 번쩍 들었다. 내가 미쳤지. 총을 들이대고 방아쇠까지 당기며 위협하는데 무슨 배짱으로 그렇게 세게 나갔을까? 토모프가 아니라 나야말로 제정신이 아니었구나! 그런데 그 총 속에 정말로 총알이 들어 있었을까? 그 부분은 지금까지도 풀리지 않는 미스터리다.

다음 날 제정신이 든 토모프는 나를 찾아와 총으로 위협한 걸 사과했다. 젊은 동양인 사장이라 만만하게 봤는데 총으로 위협해도 끄떡 안 하자 의외였던 모양이다. 하지만 회사를 나가는 조건으로 터무니없는 액수의 퇴직금을 요구했다. 양심이 부족한 건지, 아니면 자기 자신을 과대평가하는 건지, 나로선 도저히 납득할 수 없는 금액이었다. 나는 그동안 그가 잘못한 것들을 지적하며 손해배상을 청구하지 않는 걸 다행으로 알라고 했다. 그러자 그가 주춤하더니 퇴직금 액수를 깎아서 불렀다. 지난한 협상과정을 거쳐 서로가 납득할 만한 수준에서 합의를 보고 결국 토모프가 회사를 나갔다.

토모프 이후에 들어온 회계사들도 썩 능력 있는 편은 아니어서 여러 모로 골치를 썩였다. 그러다 직원을 통해 한 회계법인을 추천받아 일을 맡기면서 비로소 회계업무가 정상적으로 돌아가기 시작했다.

법률적인 문제를 해결하기 위해 실력 있는 변호사를 찾아내는 일도 그와 비슷한 험난한 과정을 거쳐야만 했다. 1990년대 중후반에 불가리아에 들어온 한국 기업인들은 다행히도 내 경험과 조언 덕분에 그런 시행착오를 비껴갈 수 있었다. 우리와 협력관계에 있는 회계법인과 변호사들은 오늘날 한국 교민이나 사업가들이 주로 이용하는 거래처로 고객들의 두터운 신망을 얻고 있다.

불가리아의 한국인 사업가 1호로서 내가 겪은 어려움이 단지 회계나 법률서비스에만 국한된 것은 아니다. 사업 초창기는 그야말로 시행착오의 연속이었다. 아무도 가지 않은 길을 처음으로 개척하는 사람은 선발주자로서 여러 가지 혜택을 누리기도 하지만 시행착오도 숱하게 겪어야 하기에, 그만큼의 수업료를 지불해야만 한다.

회사의 주력사업을 찾아

개방 이후 5년 정도의 시간이 흐르면서 카오스와도 같은 혼돈의 시기가 지나고 점차적으로 불가리아가 안정을 찾기 시작했다. 당시 시장에서 필요한 여러 품목을 잡다하게 취급하면서 이렇게 백화점식으로 일하는 것은 한계에 도달했다는 판단이 섰다. 라면이 꾸준히 팔리며 매출이 늘고는 있었으나 회사를 대표할 만한 품목으로 자리 잡기엔 아직 역부족이었다. 좀 더 전문화된 소수의 품목에 사업 역량을 집중하기로 하고 새로운 기회를 찾기 시작했다.

동유럽이 개방되면서 한국의 많은 무역회사들이 새로운 시장개척을 위해 동분서주하고 있던 그 무렵, 기업들이 가장 큰 관심을 보인 곳이 바로 폴란드였다. 폴란드는 인구도 많을뿐더러 독일과 러시아와 인접해 있어 아주 매력적인 시장이었다. 그래서 많은 한국 기업들이 폴란드에 지사를 설립하며 시장 개척에 열을 올리고 있었다. 이후 동유럽에 대한 투자 패턴이 체코와 슬로바키아, 헝가리 등 중부유럽으로 서서히 남하했는데, 1995년경의 불가리아는 기업인들이 그다지 눈독 들이는 곳은 아니었다.

그러나 다른 시장이 바쁘다고 해서 불가리아에 대한 관심이 아예 없던 것은 아니었고, 이곳에 진출하려는 기업들도 꽤 있었다. 보통 한국 기업들이 외국에 지사 설립을 하게 되면 많은 투자가 뒤따르기 마련인데, 우리 회사가 그런 한국 기업들에게 아주 저렴한 비용으로 지사 업무나 에이전트 업무를 대행하면 어떨까 하는 생각이 들었다. 우리에게는 새로운 사업 아이템 발굴이 필요하고, 한국 기업들은 비용을 절감하며 새로운 시장을 개척해 줄 파트너가 필요하니 누이 좋고 매부 좋은 일 아닐까? 그러나 그런 기업들을 어떻게 찾아내고,

또 어떻게 접근해야 할지 엄두가 나지 않았다.

그러다 코트라KOTRA에서 발간하는 《일간무역》이라는 잡지에 눈을 돌리게 됐다. 지금은 무역정보들이 인터넷에 무진장으로 널려있지만, 충분한 무역정보를 얻는 데 한계가 있던 그 시절에 《일간무역》은 무역상들에게 아주 중요한 정보매체였다. 여기에 우리 회사 광고를 실으면 되겠다 싶어 당장 코트라 지사장을 찾아갔다.

얼마 뒤 《일간무역》에 "불가리아에 지사가 필요하십니까?"라는 제목으로 우리 회사 광고가 큼직하게 나갔다. 내 예상이 맞아떨어져, 광고가 나가자마자 문의가 빗발쳤다.

그중 한국의 유수한 섬유회사 하나가 함께 일하자는 제의를 해왔다. 그 당시 한국의 섬유원단은 값이 싸면서도 품질이 우수했기 때문에 유럽에서 좋은 반응을 얻고 있었는데, 폴란드에 이미 지사를 설립한 그 섬유회사는 그곳 시장에서 상당한 수출성과를 올리고 있었다. 좋은 기회가 틀림없어 그 회사와 에이전트 계약을 하고 본격적으로 섬유원단 사업에 뛰어들었다.

불가리아 전국에 흩어져 있는 섬유원단 거래처들과의 미팅을 위해 밤낮없이 출장을 다니기 시작했는데, 자동차 주행거리가 1년에 8만km를 훌쩍 넘을 정도였다. 때마침 불어닥친 폴리에스터 합섬 경기가 하늘을 찌를 듯 호황이었다. 값싸고, 질기며, 다양한 패션으로 손쉽게 가공이 용이한 폴리에스터 합섬은 값비싼 천연섬유를 쉽게 모방할 수 있어 소득수준이 낮은 동유럽 여성들이 비교적 저렴한 가격으로 패션에 대한 갈증을 충족시킬 수 있게 했다.

불가리아 섬유원단 시장의 30%를 우리가 공급할 만큼 호황을 누리던 그 시절, 원단 공급이 하도 급해서 컨테이너 한 개 분량의 원단을 비행기로 수송해도 이윤이 컸던 그런 상황이었다.

그러다 2002년경 대부분의 한국 원단산업이 중국으로 이전하면서 한국에서는 고급원단 위주로만 산업의 명맥을 유지하게 되었다. 중국의 원단 공장들과 협력관계를 유지하며 사업을 계속 유지할 수도 있었지만 이제 그만두어야 할 시점이 아닐까 고민하게 되었다. 7년간의 섬유원단 사업을 통해 회사가 크게 성장한 것은 사실이지만 사업이 가지고 있는 특성상 늘 안테나를 곤두세우고 긴장 속에서 살아야 하는 것이 부담으로 다가왔다.

섬유원단은 패션상품이다 보니 봄에는 겨울 시즌을, 겨울에는 다음 해 여름 시즌을 준비하며 최소한 두 시즌을 앞서가야 하기 때문에 유럽의 많은 패션쇼를 참관하며 최신 유행이나 트렌드 등 패션동향을 면밀히 파악해야만 했다. 그러다 예상이 빗나가기라도 하면 잘못된 구매로 인해 큰 손실을 봐야했고, 원단의 성격상 100원에 구매해서 10원에 팔겠다고 해도 패션 트렌드에 맞지 않는 소재나 색상이라면, 아예 팔리지 않는 악성 재고가 되곤 했다. 그러다 보니 거래처가 원하는 물건을 제대로 예측하지 못하면 힘들게 일구어놓은 '내 시장'이 하루아침에 오간 데 없이 사라지는 살벌한 상황이었다. 사업이라는 것이 초기에 고생해서 시장을 일궈놓으면 안정적으로 그 열매를 취하며 다음 단계로 나아가기 위해 또 다른 노력을 기울이는 그런 맛이 있어야 하는데, 원단사업은 늘 같은 노력을 지속적으로 들여야만 했다. 그러던 차에 한국 섬유원단의 경쟁력이 중국 기업으로 대부분 넘어가면서 원단 사업을 정리할 때가 왔다고 판단했다.

라면의 대명사 미스터 팍

그간 회사의 성장에 크게 기여한 섬유원단 사업을 과감히 접기로 마음먹은 데는 또 한 가지 이유가 있다. 그 무렵 불가리아의 라면사업이 본격적인 궤도에 올라 회사의 핵심역량을 거기에 집중해야 했기 때문이다.

● 식품매장에서의 미스터 팍 라면 시식행사

 라면은 어느덧 우리 회사의 대표 아이템으로 성장해 있었고, 우리 라면의 판매 성장을 지켜보면서 경쟁업체들이 하나 둘씩 늘어났다. 그러나 오랫동안 불가리아 고객들의 눈과 귀와 입에 익숙해진 우리 라면은 브랜드가 갖는 엄청난 힘을 발휘하며 후발 경쟁업체들에게 선뜻 자리를 내주지 않았다. 나는 그제서야 브랜드의 가치에 눈을 뜨게 되었다.
 브랜드로 일궈진 식품시장이야말로 충성도가 높으면서도 안정적인 '내 시장'을 형성해, 초기의 시장진입으로 인한 고통을 충분히 보상해 준다는 것을 알게 되면서 브랜드의 중요성을 절감했다. 그리고 새로운 라면 브랜드를 만들어 불가리아만이 아니라 세계 시장에 새롭게 도전하기로 결심했다. 새로운 라면 브랜드로 어떤 이름이 좋을까 고민하며 며칠을 두고 하나님께 기도하던 중, 마침내 응답을 받았다.

'미스터 팍 Mr. Park'

내 이름을 걸고 책임질 제품을 만들어 그로써 승부하라는 하나님의 응답이었다.

'미스터 팍 Mr. Park' 이란 브랜드 이름엔 동양적인 냄새가 묻어났기 때문에 유럽 유수의 메이저 식품회사와의 경쟁에 뛰어들기엔 무리가 있지 않을까 염려되기도 됐다. 그러나 라면과 같은 동양의 식품 및 식문화 보급에 전문성을 갖춘 기업이라는 것이 우리 회사의 아이덴티티 identity가 아닌가? 도리어 그것이 유럽의 메이저 식품회사와의 경쟁을 최소화시키지 않을까?

새로운 브랜드 개발에 대해 기도 부탁을 드렸던 박계흥 선교사께 의견을 묻는 이메일을 보냈다. 박계흥 선교사는 불가리아 선교를 위해 한국 교회에서 파견된 분으로, 렙스키라는 조그만 시골도시에서 어린 자녀들과 같이 가족 모두가 선교사역으로 헌신하고 있었다. 며칠 뒤 그분에게서 전화가 왔다. 대부분이 불가리아 사람들인 교회

성도들에게 새로운 브랜드에 대해서 의견 조사를 실시했는데 반응이 아주 좋았다고 했다. 박계홍 선교사 자신도 '미스터 팍Mr.Park' 이 발음하기도 좋고 듣기에도 좋은 브랜드라고 하며 축복기도를 해주셨다. '미스터 팍' 브랜드는 이렇게 해서 탄생했다.

브랜드 이름을 정한 후 '미스터 팍' 라면 생산을 의뢰하기 위해 중국의 라면 공장들을 물색했다. 수출을 전문으로 하며 안정된 생산시설을 갖고 있는 한 공장과 하청생산 계약을 맺고, 해외시장 수출에 대해서는 수출 에이전트 계약을 맺었다. 그리고 바로 제품개발에 들어갔다. 유럽시장용으로 이미 여러 가지 맛들이 개발되어 있었지만 라면의 맛 개발은 신중하게 진행해야 여타의 라면들과 차별화를 할 수가 있었다. 시장에서 팔리는 라면들이 가격적으로 비슷비슷하다면 다른 제품과 차별화된 맛과 품질로 승부를 걸어 경쟁우위를 확보해야 했다. 원활한 사업을 위해 중국 상해에 에이전트 사무실을 두고 생산공정을 감독하게 하며 사업을 전개해 나갔다.

제품개발이 완료된 후 마침내 '미스터 팍' 라면을 불가리아 시장에 선보였다. 불가리아 식품 유통시장의 약 90% 정도에 이미 판매를 하고 있던 네트워크를 이용해서 새로운 브랜드 제품을 소개했다. 판매촉진을 위한 프로모션 행사 등 그동안 식품유통을 하며 몸소 터득한 노하우를 총동원해 시장을 넓혀 나갔다. 동시에 유럽 여러 나라에서 개최되는 식품박람회에 출품하며 해외 거래선 개발에 박차

● 국제식품박람회 부스에서 바이어와 함께

를 가했다.

불가리아는 국내 기업들의 수출지원을 위해 불가리아 중소기업청을 통해 해외박람회 참가를 지원하고 있다. 물론 지원규모는 한국보다 크지 않지만 소정의 서류심사 과정을 통해 불가리아 기업들을 선별해서 해외박람회 참가비용을 지원하고 있다. 한국인이 사장이긴 해도 불가리아 중소기업청이 우리 회사를 엄연한 불가리아 기업으로 인정하던 터라, 여러 나라에서 개최되는 국제식품박람회에서 불가리아 국가관에 부스를 배정받을 수 있었다.

보통 새로운 유통체인점이 불가리아에 진출하면 제품을 생산하는 회사 쪽에서 체인점의 구매담당 바이어를 찾아가 제품 소개를 하며 입점 상담을 하는 경우가 대부분이다. 그런데 '미스터 팍' 라면이 시장에서 좋은 반응을 얻으며 판매량이 급증하자 신규 체인점의 구매담당자들이 우리 회사를 먼저 찾아와 제품을 공급해 달라고 부탁하게 되었다.

'미스터 팍' 라면의 괄목할 만한 성장을 지켜보면서 경쟁업체들이 생겨났지만, 불가리아에 라면이란 제품을 가장 먼저 소개하고 오랫동안 시장을 지켜온 덕분에 '미스터 팍'은 라면의 대명사가 되었다. 영국의 명품 브랜드 버버리^{Burberry}에서 만든 트렌치코트가 '버버리', 혹은 '바바리'라고 불리며 아예 보통명사가 되고, 복사기와 프린터 등 OA기기 전문업체인 제록스^{Xerox}의 사명에서 비롯된 '제록스한다'는 말이 '복사한다'는 말로 쓰이는 것을 보면 브랜드의 가치가 얼마나 대단한지 알수 있다. 이와 마찬가지로 불가리아에서는 '라면 먹자'라는 말이 '미스터 팍 먹자', 혹은 '초이스 먹자'라는 뜻으로 통하게 되었다. (초이스는 우리 회사의 사명이다.)

오늘날 '미스터 팍' 라면은 불가리아 라면 시장에서 부동의 1위를 고수하고 있고, 세계 25개국에 수출 중이다.

Chapter 4

내 삶의 중심,
초이스

임계점을 넘어서

임계점critical point이란 어떤 물질의 구조와 성질이 바뀔 때의 온도나 압력을 말한다. 물질이 근본적으로 변하기 위해서는 절대적으로 요구되는 온도와 압력이 있다는 말이다. 예를 들어 물이 수증기가 되기 위한 임계점은 100도다.

사람이 무언가를 습득해 나갈 때도 마찬가지다. 일정한 횟수를 꾸준히 반복하며 에너지를 투입해야만 목표한 성과에 도달할 수 있는데, 이때 필요한 절대적인 인풋in-put의 양이 바로 임계점이다.

세일즈 세계에서 많이 회자되는 이론 중에 '3피트 이론'이 있다. 어떤 한 사람이 금광을 개발하기 위해 전 재산을 투자해 수년간 노력에 노력을 거듭했지만 결국 금을 발견하지 못하고 포기하고 말았다. 그런데 바로 뒤이어 금광을 인수한 사람이 딱 3피트를 더 파자 엄청나게 많은 금이 나와 어마어마한 돈을 벌었다고 한다. 금광을 매각한 사람이 땅을 치며 후회했음은 더 말할 필요도 없다. 그는 그 일을 계기로 와신상담한 끝에 세일즈에 도전했고, 목표한 판매실적을 올릴 때까지 물러서지 않는 도전정신으로 훗날 엄청난 성공을 거두었다고 한다.

정확한 분석으로 딱 3피트만 더 파면 금을 발견할 수 있다는 것을 미리 알았더라면 그 사람은 결코 금광을 팔지 않았을 것이다. 그러나 어떤 목표를 갖고 일이나 연구를 할 때, 임계점이 어디인지 미리 안다는 것은 현실적으로 어렵다.

얼마 전부터 비즈니스를 과학적으로 접근하는 시도가 활발히 이루어지고 있다. 그러나 사업이란 사람과 사람이 만나서 하는 일이기 때문에 과학이 예측할 수 없는 돌발요소가 숱하게 많다. 때문에 과학적인 분석을 동원해도 임계점을 찾아내기란 힘들다. 그보다는 경험적으로 알게 되는 경우가 많은데, 임계점을 넘어서고 나야 어디가 임계점이었는지 비로소 알 수 있다.

내 삶에서도 어려운 고비마다 그와 같은 임계점의 순간이 있었다. 그 중에서도 기억에 남는 것은 대학 시절 복학을 앞두고 죽도록 공부에 매달렸을 때의 일이다.

앞에서 언급한 것처럼 대학 3학년을 마치고 군에 입대한 상태에서 결혼을 한 나는 한 집안의 가장으로서 생활을 책임져야 한다는 중압감에, 취업을 목표로 공부에 매진했다. 대학 도서관은 물론 내 무반 휴게실에서까지, 장소를 가리지 않고 밤낮없이 책과 씨름했다. 누가 시켜서가 아니라 스스로 우러나 앞으로의 생존을 위해 공부를 하던 그 시절, 가끔 게으름을 피우고 싶거나 쉬엄쉬엄하고 싶을 때도 있었다. 그럴 때마다 '너 자신에게 너그러우면 안 된다. 모질게, 독하게, 잔인하게 공부하자. 그것만이 살 길이다!' 라는 말을 수십 번, 수백 번 되뇌이며 유혹을 물리쳤다.

그때 무역영어 자격증을 취득하기 위해 영어에 목을 매고 있었는데, 공부를 해도 해도 실력이 늘지 않아 고전을 면치 못했다. '그래, 네가 이기나 내가 이기나 어디 해보자.' 하는 오기가 발동해 될 때까지 끝장을 보리라 결심하고 공부를 하던 어느 날, 갑자기 귀가 트이며 영어가 들리기 시작하고, 영어문장이 술술 읽히는 게 아닌가. 오랜 시간의 반복된 공부를 통해 임계점을 넘어선 결과임을 어렴풋이 알 수 있었다.

내 인생에서 가장 기억에 남는 임계점의 순간은 1994년 11월의 밤이었다. 사쇼와 물라데노프에게 쓰라린 배신을 당한 후 너무도 괴롭고 힘들었던 그 무렵, 99도에 이르기까지 부단히도 애쓰고 고생했겠만 아직도 끓지 않는 물 앞에서 좌절해 다 포기하려고 생각했었다. 인부 다섯 명이 달려들어 할 일을 혼자서 밤새도록 해치우며 라면 컨테이너의 짐을 내리던 그때, 겨울비와 구슬땀에 뒤범벅이 돼 나 자신을 모질고 혹독하게 몰아세웠다. 그러자 어느 순간 오기가 발동함을 느꼈다.

'낯선 외국 땅에 와서 무모하게 사업을 벌일 만큼 간 큰 녀석이 이만한 일로 백기를 든다고? 말도 안 돼. 그동안 고생한 보람도 없이 이렇게 끝낼 순 없어. 힘을 내서 다시 시작하자, 다시!'

분골쇄신해 언젠가 반드시 일가를 이루리라 다짐하던 그날 밤이 나머지 1도를 올려 물이 끓게 만들었던, 내 사업의 임계점이라 생각한다.

어떤 사업이든 기본적인 시스템이 갖추어지기까지는 상당한 시간이 걸리고 진통이 뒤따르기 마련이다. 어렵사리 시스템이 갖추어진다 해도 고통스런 준비기간을 보상해 줄 만큼 높은 수익이 당장 발생하는 것도 아니다. 그러나 임계점을 뛰어넘어 시스템이 정착되면 오히려 그때부터는 가속이 붙어 일사천리로 진행되는 법이다.

너무나 힘든 가운데 임계점이 내다보이지 않아 막막하다면, 그래서 지금 당장 포기하고 싶은 생각이 굴뚝 같다면, 단연코 이렇게 말해주고 싶다.

"지금 당신이 있는 그곳이 99도인 지점입니다. 결코 용기를 잃지 말고 지독하게 싸우시기 바랍니다. Never ever give up!"

초이스의 현재, 그리고 미래

오늘날 우리 회사 〈초이스〉는 초이스푸드, 초이스에너지, 초이스파트너스, 그리고 초이스자선재단으로 이루어져 있다.

〈초이스푸드〉는 주력 아이템이 '미스터 팍$^{Mr. Park}$' 라면으로, 그 밖에도 여러 가지 식품 아이템을 취급 또는 개발 중에 있다.

〈초이스에너지〉는 불가리아의 태양전지발전소 프로젝트 개발에 주력하고 있다. 친환경 정책이나 대체에너지 개발 분야에서 상당히 앞서 있는 유럽은 앞으로 2016년까지 전체 에너지의 20%를 대체에너지로 사용해야만 하는 정책을 수립해 각국에 권장하고 있다. 친환경 대체에너지인 태양전지나 풍력에너지 등으로 전기를 생산하면 국가 전력청에서 후한 가격으로 향후 25년 동안 100% 수매해주는 제도가 있다. 사실 태양광으로 전기를 생산하게 되면 생산단가가 훨씬 비싸지만, 청정에너지 개발이 전 세계적인 주요 과제이기 때문에 전략적으로 국가 차원에서 그 발전차익을 지원해주고 있는 것이다.

불가리아가 유럽연합에 가입하면서 대체에너지 생산이 굉장히 큰 국가전략사업 중 하나로 자리 잡았고, 〈초이스에너지〉는 태양전지모듈 사업을 불가리아 회사와 합작으로 추진하고 있다. 또한 대체에너지 정책과 더불어 중요한 국가전략사업 가운데 하나인 쓰레기

● 슈멘시 당국자들과 쓰레기 재처리공장 프로젝트를 논의 중인 박종태 사장(오른쪽 중앙)

재처리공장 프로젝트를 슈멘^{Shumen}시와 고르나말리나$^{Gorna\ Malina}$시와 합작으로 추진 중이며 한국의 삼성물산 프로젝트팀이 함께 진행하고 있다.

〈초이스자선재단〉은 2010년인 올해, 불가리아 진출 20주년을 맞는 것을 기념하여 만든 자선재단으로, 도움의 손길을 필요로 하는 사람들에게 경제적인 지원을 하고자 회사에서 자금을 출연해 만들었다. 불가리아에서 발생하는 매출 가운데 일정 금액을 기금으로 하여 여러 가지 사역들을 기획하고 진행 중이다.

〈초이스파트너스〉는 소피아에서 25km 떨어진 곳에 위치한 페르닉Pernik 시와 함께 50:50으로 합자해 산업단지를 개발 중에 있다. 전체 20만 평 규모로, 일차적으로 10만 평 정도를 개발 중이고 추후 2차로 10만 평을 더 개발할 예정이며, 불가리아에 투자하려는 외국 기업과 한국 기업을 상대로 컨설팅을 하는 한편 산업단지를 분양 중이다.

개발에 들어가는 기초공사 비용은 유럽 중앙정부에서 지원받아 진행하고 있는데, 대개 유럽펀드로 진행하는 기초공사는 그 성격상 민간자본과는 비교도 안 될 만큼 속도가 더디기 마련이다. 그런데 미국발 금융위기로 세계 경제가 급속하게 위축되면서 완만한 공사 진행 속도가 오히려 주변 상황과 맞아떨어지는 느낌이다. 경기 위축으로 산업단지에 투자하기를 망설이는 기업들이 있는가 하면, 상당한 관심을 보이며 기회를 선점하려는 기업들도 있기 때문에 시간이 흐르고 경기가 회복되면 자연히 해결될 문제라 낙관하고 있다.

유럽연합이 결성되면서 유럽이 갈수록 블록화 되고 있는데, 외부에서 들어오는 물건은 관세 장벽을 통해서 막는 한편, 유럽 내에서는 무관세 수출로 물자의 움직임이 더 자유로워졌다.

2007년 유럽연합에 정회원국으로 가입한 불가리아는 유럽은 물론 중앙아시아, 북아프리카, 러시아와 인접한 지정학적인 위치가 무엇보다도 매력적이다. 또한 유럽의 다른 국가들이 불가리아를 '세금천국'이라고 부를 만큼 법인세가 저렴하고, 물가나 인건비는 물론 전기세 등의 에너지비용과 토지비용 또한 저렴하다. 전통적으로 유럽에 물자를 공급하는 주요 생산국가 중 하나가 터키인데, 터키에서 생산되는 제품들이 유럽으로 들어가는 길목에 불가리아가 위치해 있어 운송기반이 아주 잘 갖춰져 있다.

이런 여러 가지 장점을 고려할 때 불가리아는 유럽에서 유일하게 남아있는 가장 유망한 생산기지이며, 불가리아 산업단지에서 생산된 제품들은 무관세로 유럽 시장을 공략할 수 있다.

위임하고 소통하며 펑펑 놀아라

사업 초기에 사람을 제대로 다루지 못해 마음고생을 많이 한 나는 이후 조직관리에 상당한 공을 들이게 됐다.

조직을 이끌어가는 데 있어 중요하게 생각하는 몇 가지 요소가 있는데, 그 중 첫째가 '위임empowerment'이다. "회사의 대표는 그 회사에서 가장 할 일 없는 사람이 되어야 한다."라고 내가 입버릇처럼 말하면, 사람들은 어떻게 그럴 수 있냐고 반문한다. 그 해답은 바로 위임에 있다.

조직이 커지게 되면 대표인 내가 직접 챙기던 일을 중간관리자나 팀장에게 위임해야 할 시점이 온다. 처음 한동안은 내가 직접 업무를 수행하며 시범을 보이다가, 부하 직원이 어느 정도 업무를 배우면 일을 넘겨준다. 그런데 그렇게 되면 당장은 손실을 볼 수밖에 없다. 내가 직접 일하면 90의 결과를 낼 수 있지만, 나보다 아직 서투르고 업무 장악력이 떨어지는 부하 직원에게 일을 넘기면 결과가 50 정도로 뚝 떨어진다. 그러면 그 40의 손실을 어떻게 메울 것인가? 그게 바로 회사 대표의 몫이다. 부하 직원에게 위임을 하면 대표는 회사에서 할 일이 줄어들고 그만큼 시간이 생긴다. 바로 그 시간에 대표는 더 생산적인 발상을 하고, 새로운 성장동력을 모색하며, 수익창출을 위한 더 큰 틀을 마련해야 한다. 대부분의 직원들은 책상 앞에 앉아 있을 때가 업무시간이지만 대표의 업무시간은 하루 24시간이다.

시간이 지나면 위임을 받은 중간관리자나 부하 직원은 일에 더 능숙해져 50에 불과하던 결과가 60, 70, 80으로 올라선다. 대표가 남아도는 시간을 활용해 생산성을 40 정도 끌어올렸다면 합해서

100이 훨씬 넘는다. 그러면 다시 중간관리자나 팀장들은 자신이 하던 일을 부서원에게 위임하고, 내게서 또 다른 업무를 위임받는다. 이런 식의 선순환적인 위임은 조직을 건강하고 효율적으로 만든다. 만약 대표가 당장 눈앞의 이익에 급급해 위임을 하지 않고 모든 업무를 혼자서만 꽉 틀어쥔 채 누구보다 바쁘게 일했다면 수익은 여전히 90에 머물 것이다. 또한 중간관리자나 부서원은 일을 제대로 배우지 못해 발전을 할 수 없을 것이고, 회사의 앞날 역시 불투명할 것이다.

내가 한두 달씩 회사를 비우고 장기 출장을 가면 우려의 시선을 보내는 이들이 적지 않다. 외국에 사업체를 둔 사장이 현지 직원들에게 모든 업무와 자금흐름을 맡기고 장기간 출장을 가는 것이 어떻게 가능하냐고 물어올 때도 많다. 그러나 나는 오랫동안 이런 식으로 업무를 위임해 왔고, 안정적인 시스템이 구축되었기에 충분히 가능하다.

조직관리에 있어 중요한 두 번째 요소는 '질문을 통해 직원들이 스스로 답을 찾아가게 하는 것'이다. 한국 사회는 경쟁이 치열하기 때문에 게으르면 도태되기 마련이고, 적당히 노력하는 걸로는 부족하다. 그래서인지 다들 부지런하고, 의욕이 넘치고, 목표를 향해 열심히 달려간다. 그래서 인센티브 같은 성과제를 도입해 조금만 자극을 줘도 눈에 보이도록 성과가 좋아진다.

그러나 불가리아 사람들은 좀 다르다. 부지런하고 의욕이 넘치며 스스로 일을 찾아 열심히 하는 사람들의 비율이 한국에 비하면 현저히 적다. 또한 일을 할 때도 수동적인 경향이 강해서 인센티브를 도입해도 그다지 효과가 없다. 그렇기 때문에 대표가 회사의 목표를 설정하고 거기에 맞춰 직원들에게 일을 분배한 후, 수시로 컨트롤해야만 회사가 제대로 굴러간다.

그런데 그런 방식으로는 직원들의 자발적인 참여를 이끌어 내기 어려웠고, 업무성과 역시 제자리걸음을 면치 못했다. 어떡하면 좋을까 고심하다가 '지시' 하기보다는 '질문' 하는 사장이 되어야겠다고 생각했다.

예전에는 기억력이 좋은 사람이 똑똑한 사람이라는 등식이 통했다. 정보검색이 어려운 시절에는 누가 몇 년에 태어났고, 어떤 물건을 처음 발명한 사람은 누구인지, 어떤 사건의 발단은 무엇인지, 그런 것을 달달달 외웠다가 막상 필요할 때 척척 꺼내놓는 사람이 똑똑한 사람으로 대접받았다.

그러나 정보의 바다인 인터넷이 발달한 지금은 그런 것들이 중요치 않다. 그런 자질구레한정보는 인터넷 검색 한 번으로 아주 손쉽게 얻을 수 있다. 잡다한 상식으로 머릿속을 꽉 채우고 있다가 주어진 질문에 척척 대답하는 건 이제 안 먹히는 시대가 된 것이다.

요즘엔 대답보다 질문을 잘 하는 게 중요하다. 인터넷 검색만 하더라도, 검색창에 어떤 단어들을 선택해 질문을 입력해야 원하는 답이 나올지 생각할 수 있어야 한다. 그게 바로 능력이다.

회사의 대표 역시도 미리 정해 놓은 정답을 명령이라는 수단으로 지시하기보다는, '왜 이렇게 해야 할까?', 혹은 '이렇게 하면 어떨까?'와 같은 질문을 통해 직원들이 스스로 생각하고, 답을 찾도록 하는 것이 좋다. 나는 직원들에게 수시로 질문을 던지고 대답을 듣는 과정을 통해 내가 목표하는 바를 직원들과 공유하려고 한다. 직원들은 내게 대답하려고 답을 찾는 과정을 통해 업무에 대한 방향성을 스스로 터득하면서 일에 대한 열정과 흥미가 더 강해진다.

조직관리의 세 번째 요소는 '커뮤니케이션'이다. 우리 회사에서는 매주 월요일 오후 4시 30분에 전 직원이 모여 매주 한 사람씩 돌아가며 프레젠테이션을 한다. 발표 주제는 자유다. 인생관이나 정치·사회적인 이슈, 환경문제, 녹색산업, 트렌드, 공연이나 영화, 스포츠, 패션, 다이어트, 연애 상담 등 어느 것이라도 좋다. 회사 업무와 아무 관련 없어도 무방하다. 또한 발표시간이 너무 길어도 안 된다. 15~20분 정도 발표를 하고 나면 나머지 10여 분 동안 다른 직원들이 짧게 각자의 의견을 말하는 시간을 갖는다. 이때 단점을 지적하기보다는 칭찬을 많이 하도록 분위기를 유도한다. 업무의 연장이 아니니 부담도 없고 다들 이 시간을 즐기는 편이다.

내가 이 프레젠테이션을 통해 얻고자 하는 것은 조직원들이 서로의 생각을 공유하는 것이다. 발표를 통해 프레젠테이션 능력을 키우는 것은 물론, 발표하는 주제를 통해 또 다른 지식을 얻을 수 있고, 무엇보다도 발표 내용에 녹아있는 개개인의 가치관과 생각들을 나눔으로써 자연스럽게 '팀빌딩team building'이 이루어진다. 서로를 잘 모르고 동상이몽을 하는 사람들에게서 좋은 팀워크를 기대할 수는 없는 법이다.

조직관리의 네 번째 요소는 '허깅hugging'이다. 우리 회사에서는 매주 월요일 아침 출근 시간에 허깅으로 인사를 한다.

아이들 교육 때문에 토론토에서 가족과 함께 한동안 머물렀을 때, 한인교회의 〈아버지학교〉에 참가한 적이 있다. 〈아버지학교〉를 통해 '허깅'을 처음 접한 나는 상당히 좋은 느낌을 받았다. 언젠가 사람들의 관심을 끈 '프리허그free hug' 역시, 근본적으로 외로운 인생들을 향한 따뜻한 관심의 표현으로, 그 본래적 의미는 포옹을 통해 파편화된 현대인의 정신적 상처를 치유하고 평화로운 가정과 사회를 이루고자 하는 것이다. 좋은 것을 배우면 바로 실천하는 습관을 가진 나는 아내와 딸들에게 허깅을 시도했다. 처음에 다소 어색해하던 가족들은 얼마 지나지 않아 허깅에 적응하게 되었고, 지금은 아주 자연스러운 일상이 되었다.

가족을 통해 허깅의 효과를 톡톡히 본 나는 회사에도 허깅을 도입하기로 했다. 조직에서 일을 하다 보면 자기 부서의 입장이나 이익을 우선시하게 되고, 그로 인해 부서 간의 반목과 질시가 생겨난다. 우리 부서는 죽어라 열심히 일해도 별로 인정을 못 받는 것 같은데, 다른 부서는 쉬엄쉬엄 일하면서도 대접 받는 것 같아 억울할 때가 있다. 그러다 보면 부서 간의 업무 협조가 제대로 이루어지지 못한다.

그럴 때 신체적 접촉인 '허깅'을 하면 부서원들 사이의 감정적인 앙금을 털어내고 친밀도를 높이는 데 효과적이다. 일주일에 한 번씩 허깅 인사를 하자고 내가 제안했을 때, 직원들의 반응은 별로였다. 서로 사이가 나쁜 직원들은 허깅을 거부하기 일쑤였고, 내가 쳐다보면 억지로 마지못해 하는 시늉을 했다.

그러나 마음에서 우러나지 않은 가짜 허깅조차도 효과가 상당하다. 웃음이 건강을 가져오고 질병까지 치료한다고 하는데, 심지어 억지로 웃는 가짜 웃음마저도 진짜 웃음과 비슷한 신체적 효과를 낸다고 한다. 허깅도 이와 마찬가지다. 내키지 않아 억지로 허깅을 한다 해도, 한두 달 걸려서 풀어질 감정의 앙금이 허깅 덕분에 2~3주면 풀릴 수 있었다고 확신한다.

하나님을 모르던 선데이 크리스천

사업 얘기를 하다 난데없이 '크리스천'이란 단어가 튀어나와 의아해하는 독자들께 양해를 구하고 싶다. 내 삶의 중심에 사업이 있고, 사업의 중심에 하나님이 계시기에 사업과 신앙은 불가분의 관계이며 내 삶의 중요한 화두이다. 그래서 이 시점에 신앙에 대한 이야기를 하려 한다.

중학교 때 어머니가 다니시는 서울 왕십리의 성은교회에 처음 다니게 됐다. 지금처럼 다양한 과외활동이나 동아리 모임이 활성화되지 않은 그 시절엔 다른 학교에 다니는 친구들과 만날 기회가 거의 없었다. 남녀공학이 드물었기 때문에 여학생과 어울릴 기회도 없었다. 소위 '논다'고 말하는 친구들이 가끔씩 여학생들과 어울리는 걸 보고 내심 부러웠지만, '날라리'라는 오명을 견딜 만큼 여학생과의 교제를 갈망하지는 않았었다.

그런데 '날라리'라는 소리를 듣지 않고도 여학생을 만나고, 다른 학교 친구들을 쉽게 사귈 수 있는 곳이 딱 하나 있었다. 바로 교회였다. 집과 학교밖에 모른 채 '바른 생활' 학생이었던 내게 교회는 즐거운 만남과 교제의 장이었다. 그런 기회를 교회가 아닌 절에서 제공했으면 절에 다녔을지도 모르겠다. 그 시절의 내 신앙심은 그저 어떤 절대자에 대한 막연한 경외감뿐이었다. 그 절대자가 하나님이든, 성황당의 큰 나무든 별 차이가 없었을 것이다.

고등학생이 되면서 왕십리의 제일교회로 교적을 옮겼다. 어머니와 같은 교회에 다니기보다는, 부담스런 시선에서 벗어나 다른 교회를 다니며 나름대로 재미(?)있는 교회 생활을 하기 위함이었다.

고2때 제일교회 친구들과 함께 양평으로 여름 수련회를 갔던 적이 있다. 당시 교회 고등부에서 주관하는 '문학의 밤' 같은 행사가 있으면 사회를 맡아볼 만큼 교회 활동에 적극적이던 나는 좌중을 이끌고 분위기를 리드하는 편이었다. 그런데 한창 분위기가 무르익었을 무렵, 한 친구가 가방 속에 몰래 숨겨온 담뱃갑을 보이며 의미심장한 미소를 날렸다.

"한 대씩 피울래?"

거기서 "학생이 담배는 무슨 담배야?"라고 말했다가는 분위기가 썰렁해지고 내 위상(?)이 추락할 수밖에 없는 상황이었다. 그래서 "좋지."하고 호기롭게 말하며 담배를 받아들었다. 들뜬 분위기 속에서 너 나 할 것 없이 담배를 피웠는데, 하필이면 나만 전도사님께 걸리고 말았다.

수련회를 마치고 서울로 돌아온 다음 주일, 교회에서 성가대를 하고 있던 나는 저녁예배에 참석했다. 그런데 담임 목사님께서 설교 말씀 중에 담배 얘기를 꺼내셨다. 실명을 거론한 건 아니지만 수련회 가서 담배 피우다 걸린 나를 빗대어 말씀을 하셨다. 목사님 말씀이 가슴에 아프게 박혔던 나는 기도 시간에 밖으로 도망쳐 나왔다. 그리고는 아무도 없는 지하 예배당에 들어가 하나님께 눈물로 회개의 기도를 했다. 나만 재수 없이 걸려서 억울한 마음과 그래도 잘못하긴 잘못했다는 생각이 뒤섞여 있어 그다지 진정성이 있는 기도는 아니었다. 그 시절에 나는 하나님이 구체적으르 어떤 분인지 알지 못했고, 하나님은 아득히 멀리 떨어진 곳에 있는, 막연한 절대자에 불과했다.

그러다 대학에 들어가면서 눈앞에 그야말로 신세계(?)가 펼쳐졌다. 그것은 교회 고등부와는 차원이 다른 것이었다. 일단 미성년자의 신분을 벗어나자 세상이 다 내 것 같았다. 여학생들과의 미팅은 물론, 선배나 동기들과 수시로 어울리며 술을 마시고, MT를 가고, 대학 방송국의 아나운서로 활동하며 동아리 모임에 열심이었다. 당연히 교회는 더 이상 매력적인 장소가 못 됐고, 다닐 이유가 없었다. 전공인 무역학에 별로 관심이 없던 나는 대학 방송국 활동을 학교공부보다 더 열심히 하며 대학시절을 보냈다.

크리스천에서 예수쟁이로

대학교 3학년을 마치고 군에 입대했다가 보안부대로 차출되었다. 보안사령부 내에서도 특수하게 조직된 팀의 일원으로 배속을 받았는데, 정훈도서를 발간하거나 민간인 이름으로 사회정화용(?) 서적을 발간하기도 했고, 5·18민주화운동에 대한 국회청문회 보고자료를 준비하기도 했다.

그때 내 인생에서 잊을 수 없는 은인인 조준묵 준위님을 만났다. 나와 같은 팀 소속으로, 책을 쓰거나 편집하는 작업을 주로 했던 우리는 책상 앞에 앉아서 작업을 하는 시간이 많았다. 직속상관인 조준묵 준위님은 나와 마주보는 자리에 앉아 있었는데, 점심시간이나 휴식시간에 틈만 나면 성경책을 꺼내서 읽곤 했다. 그걸 보고 '아, 예수쟁이구나.' 하고 생각했다. 약간의 호기심과 함께 경계심이 생겨났다. 그러나 업무 외에는 특별하게 종교에 관한 얘기를 하지 않아 차츰 경계심을 늦추게 되었다.

조 준위님은 내게 많은 것을 베풀어 주었다. 군대에서 사병으로 있으면서 결혼까지 하게 된 것도 그분의 역할이 컸다. 입대 전에 약혼을 했던 나를 특수팀의 일원으로 차출한 것도 그분이었고, 내무반이 아닌 집에서 출퇴근할 수 있게 배려해 준 것도 그분이었다. 특수

팀 업무에 필요한 외부활동비가 웬만한 직장인의 급여에 가까운 금액으로 매달 지급되었는데, 그것이 아내와의 결혼을 결심하는 데 결정적인 역할을 했고, 그 역시 조 준위님의 특별한 배려 덕분이었다. 무엇 때문에 나한테 그리 잘해주는지 알 수는 없었지만 어쨌든 나에게는 둘도 없는 은인이었다.

그런데 결혼식을 두 달 정도 앞둔 어느 날, 그분이 나를 조용히 부르시더니 이렇게 말씀하셨다.

"박 상병. 만약 자네가 오늘 사고로 죽게 된다면 천국에서 깨어날 수 있다고 생각하나?"

갑작스러운 질문에 당황하지 않을 수 없었다. 그러자 그분은 차분한 음성으로 하나님이 나와 어떤 관계인지, 또 십자가에 달려 죽으신 예수님은 나와 어떤 관계인지, 그리고 세상을 떠난 후 어떻게 천국에 이를 수 있는지 차근차근 말씀해 주셨다.

퍼즐 조각이 하나하나 맞춰지며 그림 전체가 완성되듯, 중·고등학교 시절에 단편적으로 접했던 성경 말씀들이 일목요연하게 정리되면서 하나로 죽 꿰어지는 느낌이었고, 경이로운 깨달음에 가슴이 벅차올랐다. 1986년 9월 16일, 선데이 크리스천이 아닌 진정한 크리스천으로 깨어나는 순간이었다. 희미한 안개 속을 거닐다가 모든 의문점이 한 번에 해결된 사람처럼 새롭게 깨달은 진리에 깊숙이 빠져들었고, 하나님에 대한 열망이 내 안에 끓어올랐다.

당시 조 준위님은 서울 남서울교회의 전도프로그램인 '전도폭발 훈련'을 담당하며 많은 사람들을 기독교의 진리로 이끄시던, 전도에는 일가견이 있는 분이었다. 나는 조 준위님(집사님)과 함께 남서울교회를 섬기게 되었고, 전도폭발 훈련의 최고 과정인 교사급 단계까지 이수했다. 또한 기독교인들에게 성경 다음으로 많이 읽히는, 로이드 존스 목사님의 여러 책들과 박영선 목사님의 '하나님의 열심' 등 신앙과 관련된 책들을 섭렵하면서, 내가 깨달은 진리를 먼저 깨닫고 인생의 방향을 돌려 치열하게 살고 있는 분들의 주옥같은 생각과 경험을 나누기도 했다. 그러다 보니 '하나님께서 나에게 목사가 되라고 하시는 건가? 이참에 신학을 본격적으로 공부해야 하는 건 아닐까?' 하는 생각이 들 정도였다.

그 무렵 조준묵 집사님과 나는 〈화요모임〉을 새롭게 결성했다. 신앙대로 바르게 살아보겠다고 뜻을 세운 10명의 회원이 매주 화요일에 직장을 마치고 모여서 한 주 동안에 있었던 일을 서로 이야기하며 믿음 안에서 교제하는 모임이었다. 지긋하게 연세가 드신 분에서부터 현역장교에 이르기까지 회원들의 연령대는 다양했다. 지난 한 주 동안 성경을 읽으며 깨달았던 것, 혹은 삶에서 믿음으로 승리했던 일이나 실패했던 일을 허심탄회하게 이야기했고, 숨기고 싶거나 아픈 부분까지 드러내 함께 나누면서 눈물을 흘리기도 했다. 그리고서 우리를 치유하시는 하나님의 손길을 찬양하는 시간을 가졌다. 나이의 많고 적음을 넘어 피를 나눈 형제보다도 더한 친밀감이 우리 가운데 충만했고, 새롭게 맛보는 영적인 기쁨에 도취되어 마냥 행복했었다.

그러던 어느 날, 〈화요모임〉에 참가해 영적으로 충만한 시간을 보낸 후 군자동의 집으로 돌아가던 길이었다. 어스름한 저녁 무렵, 차창 밖으로 지나가는 사람들을 보며 저들도 나와 같은 기쁨을 맛본다면 얼마나 좋을까 생각하다보니 어느덧 버스가 집 근처에 도착해 있었다. 기쁨으로 충만한 가운데 집을 향해 걸어가고 있는데, 저 앞 길바닥에 하얗게 빛나는 작은 물체가 떨어져 있었다. 가까이 가서 보니 보송보송한 담배 한 개비였다.

크리스천이 되고 나서 내가 담배를 피운다는 사실이 마음에 걸렸던 나는 단호하게 담배를 끊었었다. 크리스천이 담배를 피워도 된다, 안 된다의 차원과는 별도로, 신앙에 대한 내 의지를 시험하는 차원에서 담배를 끊기로 마음먹고는 담배 생각이 아무리 간절해도 강한 의지로 참고 또 참으며 벌써 몇 달째 금연하고 있었다.

그런데 이게 웬 얄궂은 운명의 장난인가? 다른 때도 아니고 〈화요모임〉을 마치고 집으로 돌아가는 길에, 담뱃갑에서 막 꺼낸 것처럼 보송보송한 담배 한 개비가 길에 떨어져 나를 유혹하다니. 눈을 질끈 감고 담배를 지나쳤으나, 누군가가 뒤에서 자꾸 잡아당기는 것만 같았다. '돌아가서 담배를 주워? 말어?' 잠시 갈등했지만 결국 되돌아가 담배를 주워 물었다. 지난 6개월 동안 힘들게 눌러왔던 흡연의 욕구가 일시에 폭발하며 내 의지가 무참히 무너지는 순간이었다. 지나가는 사람에게 불을 빌려 담배를 쭈욱 빨아들이는데, 첫 모금이 꿀맛과도 같이 기관지를 타고 허파 깊숙이 밀려들었다. '그래, 바로 이 맛이야!'

그런데 두 모금, 세 모금이 이어지면서 꿀맛 같던 담배 맛이 사그라지더니 점차 역해지기 시작했다. 결국 반도 못 피우고 담배를 버리고는 망연자실해 우두커니 서 있었다. 불과 한 시간 전까지만 해도 예수님을 뜨겁게 찬양했고, 가족과도 같은 〈화요모임〉의 동지들과 함께 하나님을 향해 뜨거운 감사의 눈물을 흘렸는데, 이렇게 무참하게 무너지다니. 영적으로 무겁게 짓눌리는 느낌이었다. 에덴동산에서 하와의 권유로 선악과를 베어 물었던 아담의 마음이 이랬을까 싶었다. 사람의 의지란 것이 얼마나 연약한지 그제서야 깨달았고, 의지만으로는 충분치 않다는 것을 알게 되었다.

신앙생활이란 100m 달리기가 아니라 마라톤처럼 장기전이라 할 수 있는데, 일시적인 의지나 감정에 치우쳐 큰일을 해낼 것처럼 덤벼들었던 나는 그 담배 한 개비에 나 자신의 연약함이 여지없이 발가벗겨지는 걸 경험했다. 많은 시간이 흐른 뒤에 그 일을 돌이켜 생각해 보면 나를 갓난아기처럼 보살피던 하나님께서 그때를 기점으로 걸음마를 가르치기 시작했던 것 같다. 크리스천에서 예수쟁이로 변화시키기 위한 하나님의 훈련이 시작된 것이다.

그때 암스테르담에 가지 않았더라면

하나님이 내 삶의 구심점이 되었으니, 나의 내면만큼이나 겉으로 드러난 외적인 생활도 예수쟁이다울 수 있도록 부단히 나 자신을 다스리며 만들어가려는 노력을 했다. 그런데 외적인 것 위주로 변화를 추구하다 보니 마음 따로, 생활 따로 분리되었다. 하나님을 향한 감사와 사랑 속에서 영적인 기쁨으로 솟구쳐 오를 때도 있었지만, 예수쟁이로서 내 안에서 원하는 방식대로 살지 못하며 신앙과 현실의 괴리를 느낄 때면 좌절감에 곤두박질치곤 했다.

그러다 사업을 위해 불가리아에 오게 되었고, 이곳에서도 신앙생활의 부침은 계속되었다. 대부분의 시간을 사업에 쏟아붓는 동안,

삶의 현장에서 예수쟁이로서 선택하고 결정해야 할 많은 순간에 정작 그렇게 하지 못했고, 그로 인한 실패감과 좌절감이 내 영혼을 피폐하게 만들었다. '예수님과의 첫사랑에 도취되어 누렸던, 그 한없는 행복감은 어디로 사라졌을까? 정작 중요한 순간에 하나님의 선택을 하지 못하는 이유는 무엇일까? 이러고도 내가 하나님의 사람이라 할 수 있을까?' 하는 생각에 괴로웠다. 그저 사업에만 열중하며 신앙적으로 공허한 나날을 보내다 보니, '사업이 내 인생의 전부일까? 그저 사업만을 위한 사업이라면 그게 내 인생과 무슨 상관이 있을까? 이렇게 살다가 죽는 것이 내 운명일까?' 하는 질문들이 이어지며 힘든 나날을 보냈다.

그러다 2004년경 터키에서 영농 사업을 하고 계시는 최덕삼 회장님에게서 연락이 왔다.

"박 사장님. 기독실업인회라고 아십니까?"

"글쎄요, 들어본 것도 같은데 잘은 모르겠습니다."

그러자 최덕삼 회장님의 설명이 이어졌다. 국제기독실업인회 CBMC:Connecting Business & Market place to Christ는 1930년대 세계 경제공황기에 미국 시카고에서 생겨난 국제적인 복음단체로, 소수의 기독실업인들이 모여 국가·경제적 위기 타개를 위해 하나님께 기도한 것이 계기가 되어 만들어졌다. 국제 본부는 미국 네브래스카 주 오마하 시에 있는데, 전 세계적으로 가장 왕성한 활동을 하는 것이 한국기독실업인회라고 했다.

"소피아에도 불가리아 사람들로 구성된 기독실업인회가 있습니다. 이제 불가리아에 있는 한인 기독실업인들을 모아서 한국CBMC 지회를 설립할 때가 된 것 같습니다."

"아, 예…."

나를 잘 알지도 못하는 최 회장님이 대뜸 기독실업인회 지회를 설립해 보라고 하자 당황해서 말끝을 흐렸다.

"아, 그리고 올해 5월에 네덜란드 암스테르담에서 유럽 한인 CBMC대회가 열립니다. 유럽은 물론 한국과 미국, 중국 등 전 세계에 한인 기독실업인들이 많은데 그분들이 대거 참석할 겁니다. 거기 꼭 참석하세요. 박 사장님한테 큰 도움이 될 겁니다."

"예, 알겠습니다."

최 회장님의 강권에 못 이겨서 일단 알았다고 대답을 하고는 바로 전화를 끊었다. 참석을 할까 말까 망설이다가 최 회장님이 그렇게 권하시는 데는 뭔가 특별한 이유가 있으려니 생각하고 참석하기로 마음을 굳혔다.

2004년 5월, 불가리아의 한인 선교사 한 분과 함께 암스테르담으로 갔다. 비행기 티켓을 자비로 부담하고, 거기에 대회 참가비까지 별도로 지불을 하며 참석한 대회였다. 사업상 필요한 출장이나 가족들과의 여행을 제외하고, 시간과 돈을 따로 들여 여행을 하는 것이 거의 처음이었다. 그래서인지 몰라도 암스테르담 CBMC대회에 대한 기대감이 서서히 고개를 들기 시작했다.

대회 장소는 암스테르담 공항 근처의 호텔이었다. 대회 첫날, 100여 명 정도의 기업인들로 북적거리는 가운데 찬양과 기도로 대회가 시작되었다. 그때 70여 명의 한국기독실업인회 회원들이 무리를 지어 도착했다. 한국에서 암스테르담까지 10시간이 넘는 장거리 비행을 마치고 공항에 도착하자마자 곧바로 대회장으로 달려온 한국의 기업체 대표분들은 대부분 백발이 성성했는데 푸근하게 미소 짓는 모습이 무척 인상적이었다. 그분들이 특별찬송을 하기 위해 세미나 무대 전면에 일렬로 죽 늘어서서 찬송을 부르기 시작했다. 기업체를 경영하며 누구보다 바쁘게 사시는 분들이, 더구나 한창 나이도 아니고 머리에 서리가 내려 연로하신 분들이 장시간의 비행으로 인한 여독도 풀리지 않은 상태에서 곧바로 대회에 참석했으니 얼마나 힘들고 피곤했을까. 그럼에도 불구하고 누구보다 우렁찬 목소리로, 피로한 기색 하나 없이 영적으로 충만한 가운데 찬송을 부르는 그 모습이 내게는 크나큰 충격으로 다가왔다.

무엇이 그분들을 그렇게 열정적으로 만들었을까 생각하던 나는 크리스천으로서, 그리고 기업인으로서 양자가 분리되지 않고 한데 어울려 조화로운 그 모습을 보고 지금까지의 고민이 해소되는 느낌이었다. 그동안 크리스천으로서 채워지지 않는 공허함과 외로움의 원인이 무엇인지 깨닫게 되면서, 비록 내 눈에는 안보이고, 내 손으로 만져지지는 않지만 내 영혼을 감싸 안으시며 위로하시는 예수님의 손길을 심장으로 느낄 수 있었다.

그때 암스테르담 CBMC대회에 한국의 백주년기념교회에 계신 이재철 목사님이 강사로 초빙되어 오셨다. 설득력 있으면서도 조곤조곤한 그분의 말씀을 들으며 벅찬 감동에 눈물이 흘러내렸다. 대회

● 2007년 밀라노에서 열린 CBMC대회에서 회원들과 함께

가 끝난 후, 기독실업인회 회원들과의 교제를 통해 참으로 고귀한 삶을 지향하며 사는 분들이 많음을 알게 되었다. 그렇게 기독실업인으로서의 정체성을 회복한 나는 하나님께서 단순히 돈만 벌라고 나를 불가리아에 보내신 것이 아니라, 하나님의 예비하심에 의해 나를 보내셨음을 알게 되었다.

그 대회를 계기로 1986년에 예수님께 느꼈던 첫사랑을 다시 회복할 수 있었다. 겉으로 보이는 것은 예전과 다름이 없었지만 나는 근본적으로 달라져 있었다. 세상과 신앙을 둘 다 붙잡고 그 사이에서 힘들게 줄다리기를 하던 나는 하나님을 향해 두 손 들어 항복하고 내려놓는 연습을 하게 되었다. 그러자 신앙생활의 부침으로 인한 고민과 고통이 사라지면서 한없는 평안과 기쁨, 그리고 자유를 누리게 되었다.

100-1=0이요, 0+1=100이다

그로부터 얼마 후 하나님의 '선택'이라는 의미에서 사명을 초이스^Choice로 새롭게 정했다. 나를 사랑하시고, 우리 회사를 사랑하시는 어떤 분께서 아래와 같은 아름다운 사가社歌를 선물하셨다.

> 우주에 떠 있는 아름다운 별 지구
> 창조주 하나님의 마음이 머무는 곳
> 그곳의 수많은 사람들 무얼 위해 살고 있는지
> 우린 알고 있다네
> 우리가 가야 할 그 길
> 우린 가고 있다네. 하나님 영광 위하여
> 초이스, 하나님의 준비된 그릇
> 그분의 나라 위해
> 초이스는 하나님의 사랑
> 그분의 뜻 이루는 사랑의 손길

신앙생활에 있어서 첫 번째 전환점은 군에 복무하면서 처음으로 예수님을 영접했던 1986년이었고, 두 번째 전환점은 예수님과의 첫

사랑을 다시 회복한 2004년이었다. 이제는 사업을 계획하고 진행하더라도 그 목표가 분명해졌고, 궁극적으로 모든 것이 하나님께로 귀결된다.

암스테르담 CBMC대회에서 돌아온 후 불가리아의 현지인 기독실업인회 정기모임에 참석했다가 피터란 사람을 알게 되었다. 투자 컨설팅회사의 대표인 그는 믿음이 좋은 기독실업인으로, 불가리아 기독교계에서 큰 역할을 하고 있었는데 파산을 했거나 경제적으로 어려운 사람들을 위해 오늘날 한국의 '미소금융'과 비슷한 개념의 소액대출, 즉 마이크로 파이낸싱micro financing을 지원하고 있었다.

피터와 함께 그 일을 하게 된 나는 현지인인 교인들 중에서 어려운 형편에 있는 사람들에게 낮은 금리로 사업자금을 지원하고 창업을 도우면서 비즈니스 세미나를 열어 경영교육을 병행했다. 그로 인해 가난을 딛고 일어선 사람들이 하나 둘 늘어갔고, 경제적 파탄으로 깨졌던 가정이 다시 회복되는 걸 보며 뿌듯한 보람을 느낀 적이 한두 번이 아니었다.

언젠가 불가리아 교인 한 분이 조그만 철공소를 하려고 하는데 기계 구입비가 한 푼도 없다고 해서 약 1,500불을 지원했다. 그분은 최선을 다해 열심히 일했고, 사업을 하는 동안 우리의 경영지도를 통해서 서서히 자리를 잡아갔다. 불가리아가 유럽연합에 가입한 2007년을 전후로 건설 경기가 호황을 누렸는데, 철공소를 차린 그분 역시 소규모 제철소 공사수주를 받으며 사업이 날로 번창하게 되었고, 지금은 직원 수십 명을 거느린 번듯한 기업체의 사장님이 되었다. 그분은 본인이 받은 도움을 다른 사람들에게도 베풀며 소액대출 지원사업의 든든한 후원자가 되었다. 이렇게 해서 하나님의 뜻을 이루는 것이 내 사업의 중심이 되었고 그 가운데 불가리아가 자리하게 되었다.

물론 이후로도 숱하게 실패를 경험했고, 신앙에 대해서도 고민했다. 한동안은 내 자신이 과거에 비해 나아진 게 없어 정체된 느낌도 받았다. 그런데 어느 날 문득, 지나온 삶을 반추해 보니 예수님을 믿으며 살아온 25년 동안 수많은 부침을 경험하면서 예전과는 여러모로 달라진 나를 발견할 수 있었다. 그러자 내 자신이 대견스러웠다. 죄와 유혹, 번민 속에 있던 힘든 시간조차도 하나님이 나를 훈련시키기 위해 예비하신 과정이라 생각하니 하나도 버릴 것이 없었다. 죄가 깊을수록 은혜가 깊었다고 고백한 사도 바울처럼, 숱하게 겪은 신앙생활의 부침을 통해 하나님의 사랑을 더 깊이 깨달을 수 있었다.

친하게 지내는 분 가운데 "100-1=0이요, "0+1=100이다."라는 문구를 직접 디자인해 엽서 같은 전도지를 만들고, 그것으로 전도를 하는 정기섭 사장님이 계시다. '100-1=0'이 무슨 뜻이냐 하면, 아무리 완벽하고 잘난 인생(100)일지라도 예수님(1)을 만나지 못하면 아무 것도 아닌 인생(0)이라는 얘기다. '0+1=100'은 보잘것없이 아무 것도 아닌 인생(0)일지라도 예수님(1)을 만나면 완전한 인생(100)이 된다는 의미다.

내 인생 역시 0+1=100이다. 여러 가지 어려움과 고민으로 이어진 외로운 인생길에 우주만물의 창조주이신 하나님께서 아버지와도 같이 따뜻하게 지켜보시고 동행하신다는 믿음은 내게 더없는 축복이고 행운이다.

초이스를 불가리아에 보내주셔서 감사합니다

최덕삼 회장님은 터키에서 화훼와 농장관련 사업을 하셨는데, 그분이 내게 기독실업인회를 소개하고 나서 자주 만남을 가졌다. 그러던 어느 날 그분이 내게 물으셨다.

"불가리아는 토지 값이 어때요?"
"터키보다는 좀 더 싸죠. 그런데 왜요?"

"농장사역에 뜻이 있는 사람들을 모아 십시일반 돈을 걷어서 땅을 사려고 합니다. 농장을 만들면 지역 주민들에게 일자리도 제공할 수 있고, 선교사업에도 큰 도움이 될 것 같아서요."

"예, 좋은 생각이네요."

나도 관심이 생겨서 농장사역에 대해 이것저것 알아보았다. 그런데 사역을 추진하는 데 한 가지 큰 걸림돌이 있었다. 여러 명이 십시일반 투자하다 보면 자기가 투자한 금액만큼 땅에 대한 소유권을 갖게 되는데, 땅이 농장으로 개발되면 나중에 값이 오를 게 뻔했고 그럴 경우 서로 재산권을 행사하겠다고 하면 기껏 이뤄놓은 사역기반이 와해될 위험성이 다분히 있었다. 그래서 당분간 그 일은 접어두기로 했다.

그로부터 얼마 후 생각지도 않은 공돈(?)이 생겼다. 자본주의가 발달하고 경제성장이 급속도로 이루어지면서 불가리아에도 환경관련 법규가 생겨났는데, 라면을 불가리아로 수입해서 들여올 때 컨테이너 한 대당 라면 봉지에 대한 환경부담금을 내야만 했다. 그런데 법이 다시 개정되면서 정부와 계약된 쓰레기 수거회사들이 국가 정책상 생겨났고, 그 회사들과 계약을 하게 되면 환경부담금으로 냈던 돈을 돌려받는 제도가 생겼다. 내 입장에서는 그야말로 공돈이 생긴 셈이었다.

이 돈을 어떻게 쓸까 고민하다 하나님께 드려야겠다는 생각을 했다. 교회에 헌금을 하는 것보다 더 좋은 방법이 없을까 고민하면서 며칠 동안 기도와 묵상의 시간을 가졌다. 바로 그때 전에 추진하다 포기했던 농장사역이 떠올랐다. 투자금 문제로 난항을 겪다 접어버렸는데, 이렇게 상당한 금액의 공돈이 생겼으니 농장사역을 할 수 있는 땅을 사야겠다고 마음먹었다.

적당한 장소를 물색하던 나는 렙스키란 지역에 주목했다. 그곳에는 평소 잘 알고 지내던 박계홍 선교사님이 가족과 함께 살고 있었는데, 함께 사역을 할 상대로 마침 그분을 점찍어둔 터였다. 그분을 찾아가 내 뜻을 설명하고 렙스키에 땅을 사려고 하니 알아봐 달라고 부탁드렸다. 얼마 후 시유지로 싸게 나온 땅이 있다고 해서 옳거니 싶었다.

렙스키는 '소매치기 학교'라 불릴 만큼 악명 높은 도시다. 집시들이 많이 사는 그곳은 그들이 소매치기 훈련을 집중적으로 받는 곳이어서 '소매치기 학교'란 별명이 생겨났다. 집시킹이라 불리는 소매치기 조직의 보스들 역시 렙스키에 으리으리한 저택을 지어 살고 있었다.

그걸 보며 렙스키를 변화시키는 일이야말로 의미있는 일이라 생각했다. 그 무렵 나는 성시화운동에 지대한 관심을 갖고 있었는데,

내가 추진하는 일터사역의 방향성을 성시화운동에서 찾았다.

땅을 사서 농장을 만들고 이를 바탕으로 한 여러 가지 선교사역을 생각하다 보니, 여건상 농장보다는 공장이 나을 듯했다. 거기에 한국 기업을 유치한 후, 한국 선교사를 통해 제자양육된 불가리아인들을 회사의 중간관리자로 앉히고 현지인들을 변화시켜 나가는 비전을 머릿속에 그렸다. 그러다 계획의 규모가 점점 커지면서 공장에서 산업단지라는 개념으로 발전하게 되었다.

렙스키 시가 소유한 토지 10만 평에 우선적으로 산업단지를 개발하기로 하고, 인접한 나머지 시유지도 추후 우리에게 팔겠다는 계약을 맺었다. 한국의 사업가가 소매치기 소굴로 악명 높은 도시에 와서 불모지 같은 땅을 개발해 산업단지를 만들겠다고 하자 렙스키 시장은 굉장히 우호적인 태도를 보였다.

그러던 어느 날 시장이 내게 도움을 청했다.

"시립병원에 도움이 절실한 중환자가 몇 명 있습니다. 시에서 지원하는 예산으로는 어림도 없어 수술도 못 받고 죽어간다고 하니, 참 안됐어요."

그는 땅이 꺼지게 한숨을 쉬며 환자들 걱정을 했다. 시장으로서 여러 가지 업무로 바쁠 텐데 그런 일까지 신경 쓰는 걸 보고, 참 세심한 사람이구나 싶었다. 그래서 기꺼이 그의 요청을 받아들여 치료비 조로 돈을 내놓았다.

그런데 얼마 뒤에는 선거철이 다가왔다며 나에게 선거자금을 대

달라는 게 아닌가? 지난 번의 일하고는 차원이 달라서 망설이지 않을 수 없었다. 당시 나는 렙스키 산업단지의 용도를 농지에서 산업용지로 변경해 달라는 토지형질변경 신청을 하고, 시 당국의 허가가 떨어지기만을 기다리고 있었다. 시장의 입김에 따라 허가가 떨어지느냐 마느냐 하는 중요한 시기였지만 결국 나는 그의 요구를 거절했다. 그런 식으로 선거자금을 대는 게 꺼림칙했고, 무엇보다도 성시화운동을 꿈꾸며 추진한 애초의 선한 취지에 어긋나는 일이었기 때문이다.

몇 달 뒤 렙스키 시장은 뇌물수수죄로 감옥에 갔다. 낙후된 지역의 개발을 위해 유럽 중앙정부가 자금을 지원하고 있었는데, 공사를 수주 받은 건설회사와 결탁해 거액의 뇌물을 받은 것이 화근이었다. 만약 그때 내가 선거자금을 대주고 토지형질변경을 허가받았다면, 나도 뇌물공여죄로 구속돼 그 시장과 감방동료가 되었을 것이다. 지금 드는 생각이지만 처지가 딱한 중환자들에게 수술비를 지원해 달라고 했을 때, 정말로 그런 중환자가 있었는지, 만약 있었다면 그들에게 내 돈이 제대로 전달됐는지, 모를 일이다.

그렇게 해서 렙스키에 산업단지를 건설하는 일은 물 건너가고 말았다. 그러나 그만한 일로 포기할 수는 없었다. 산업단지를 준비하면서 그동안 쌓은 노하우를 버리기가 아까웠던 나는 소피아 근처 지방 도시의 당국자들을 만나고 다니며 적당한 장소를 물색했다. 그러다 페르닉이라는 숨은 보석을 발견하게 되었다.

산업도시인 페르닉은 소피아와 인접해 있는 위성도시로, 한국으로 치자면 서울과 부천쯤 된다. 페르닉에 거주하는 인구 중에 약 2만 명의 사람들이 소피아에 직장을 갖고 출퇴근하며, 산업단지가 들어서기에 굉장히 좋은 입지조건을 갖고 있다. 페르닉 시장을 만나보니, 그 역시 내가 추진하는 산업단지에 대한 얘기를 중앙정부 부서에서 전해 듣고는 긍정적인 반응을 보였다. 그렇게 해서 페르닉시와 합자회사를 세워 산업단지를 조성하기로 했다.

일터사역의 방향성을 성시화운동으로 잡은 만큼 페르닉 산업단지에 기업들이 투자해 현지인들에게 일자리를 제공하는 한편, 선교사들을 통해 도시 전체를 성시화하는 게 내 꿈이다. 그러던 차에 이런 제목의 신문기사를 접한 적이 있다.

"주님, 기아(KIA)를 우리 마을에 보내주셔서 감사합니다."

그 기사를 보고 가슴이 벅차오르며 은혜스런 묵상에 잠겼다. 하나님의 아름다운 나라를 꿈꾸며 조성된 페르닉 산업단지에 첫 공장이 들어서는 날, 저런 간판이 걸린다면 얼마나 감격스러울까? 얼마 전 바르셀로나에서 열린 유럽 CBMC대회 기간에 한 목사님도 바로 그 기사를 주제로 말씀을 전하셨다.

"여러분이 세상 어느 곳에서 기업을 하시던지, '이 회사를 우리 지역에 보내주신 주님께 감사합니다.' 라는 말을 지역 주민들에게 들을 수 있는, 그런 기업인이 되기를 진심으로 기원합니다."

그 말씀을 접하고 마음속으로 이런 기도를 드렸었다.

"하나님. 20년 전에는 그저 사업만을 목적으로 불가리아에 왔습니다. 그러나 이제는 불가리아를 하나님의 마음으로 품으려 합니다. 제게 꿈을 허락하심에 감사드리며, '초이스를 불가리아에 보내주셔서 감사합니다.' 라는 말을 들을 수 있도록 보살펴 주시옵소서."

작은 촛불로 빛과 위안이 되리

어둠 속에 있던 나를 빛으로 인도하신 하나님 아버지를 위해, 그리고 오늘날의 나를 있게 한 불가리아를 위해 뭘 할 수 있을까 늘 고민했다. 그러다 2009년 말에 휴양지인 보로베츠에서 직원들과 함께 1박2일의 팀빌딩team building 시간을 가졌는데, 2010년 새해에 대한 비전을 나누었다. 불가리아에 온 지 20년이 되는 2010년은 내게 무척이나 의미 있는 한 해여서 뭔가 뜻있는 일을 하고 싶었고, 직원들과의 논의 끝에 사재(私財)를 출연해 '초이스자선재단Choice For Tomorrow'을 설립하기로 했다. 그동안 산발적으로, 혹은 즉흥적으로 진행한 자선사업에 좀 더 체계를 갖추어 불가리아의 양로원과 보육원을 후원하고 불우한 청소년들의 직업교육을 지원함으로써 힘들고 어려운 사람들에게 '내일에 대한 소망'을 심어주고자 했다.

사업을 위해 불가리아에 처음 왔을 때, 무엇을 어떻게 해야할지 몰라 갈팡질팡하며 수많은 시행착오를 겪었지만, 내가 피운 작은 촛불로 언젠가 이 나라 사람들에게 따뜻한 빛과 위안이 되리라는 소망만큼은 변함이 없었다. 그 소망을 이룰 수 있는 기회가 초이스자선재단으로 마침내 가시화된 것이다.

매월 넷째 주 금요일이면 회사 직원들과 함께 에트로폴레 양로원을 방문하고 있다. 처음에 직원들과 함께 자선활동을 시작했을 때는 걱정이 많았다. 회사 차원에서 일을 진행할 때면 윗사람의 요청에 의해 수동적으로 따라가는 것이 불가리아 사람들의 습성인데, 봉사만큼은 자발적인 의지가 중요하지 않은가. 울며 겨자 먹기로 어쩔 수 없이 따르는 거라면 그런 봉사가 무슨 소용일까 싶었다.

그런데 처음에는 별 반응 없이 무덤덤하던 직원들이 차츰 적극성을 보이기 시작했다. 양로원에 갈 때마다 주위 사람들에게 미리 부탁해서 모아둔 헌 옷가지며, 가루비누, 당뇨환자를 위한 저혈당 초콜릿 등을 챙겨오는 걸 보고 가슴이 뭉클했다. 이방인인 내가 소외되고 어려운 불가리아 사람들에게 관심과 애정을 쏟는 걸 보고 존경하는 마음이 생겨난 듯, 나를 보는 직원들의 눈빛 또한 달라짐을 느낄 수 있었다.

얼마 전에도 직원들과 함께 에트로폴레 양로원에 갔다. 봄기운이 완연한 가운데 직원들이 직접 준비해 온 헌 옷가지들과 치즈, 과일, 미스터 팍 컵라면 등을 차에 싣고 교외의 도로를 달려 양로원에 도착했다.

페트라 할머니가 양로원 앞 벤치에 앉아 봄날의 따뜻한 햇살을 즐기고 있었다. 나도 오랜만에 광합성을 좀 해야겠다 싶어서 할머니 옆에 앉았다.

"잘 지내셨어요 할머니? 날씨가 참 좋네요."

"그러게 말이에요."

그런데 할머니 얼굴이 평소보다 어두웠다.

"건강은 어떠세요? 어디 안 좋은 데라도 있으세요?"

"아니, 난 괜찮아요…."

할머니의 음성이 떨리며 젖어들기 시작했다.

"왜요? 무슨 일 있어요?"

"…… 어제 바실라가 저 세상으로 갔어요. 심장마비로."

"네에?"

늘 건강하고 잘 웃던 바실라 할머니가 그렇게 갑자기 돌아가시다니, 충격이었다. 70대 초반이던 바실라 할머니는 사회주의 시절 미싱사에서부터 양치기, 간호사, 청소부 등 안 해본 일이 거의 없어 걸어다니는 직업백과사전 같은 분이었다. 할머니는 여러 직업을 전전하며 겪었던 일들을 약간의 뻥을 가미해 무용담처럼 재미있게 들려주시곤 했다. 그 얘기를 듣는 재미로 양로원에 간다는 직원도 있을 정도였다.

바실라 할머니와 오랫동안 동고동락하며 양르원의 고참 멤버로 자리 잡고 있는 페트라 할머니는 친구의 갑작스런 죽음에 상심이 크신 듯했다. 하지만 그런 와중에도 우리 직원들을 챙기며 안부 인사를 잊지 않았다.

양로원 안으로 들어가자 할머니, 할아버지들이 작은 휴게실에 모여 앉아 우리를 기다리고 있었다. 그곳에도 바실라 할머니의 죽음으로 인한 눅눅한 슬픔이 드리워져 있었다. 그 슬픔이 내게도 그대로 전해져 눈가가 축축해졌다.

잠시 후 직원인 다니엘라가 나서서 분위기를 바꿔보려고 했다. 프로젝트 매니저인 다니엘라는 목소리가 굉장히 하이톤으로 불가리아의 현영이라고나 할까? 활달한 성격에 추진력이 강하고 익스트림

스포츠를 즐기는, 당당한 독신여성이다.

"할머니, 할아버지! 제가 재미있는 얘기 하나 해드릴까요?"

"무슨 얘긴데요?"

"얼마 전 산악동호회 사람들하고 그리스 국경에 있는 산으로 암벽등반을 갔었어요. 근데 갑자기 눈보라가 몰아쳐서 산 정상 부근에서 조난을 당했지 뭐에요."

"아이구 저런."

"휴대폰으로 그리스 경찰에 전화해 구조 요청을 하고 기다리는데, 얼마 뒤에 조그만 헬리콥터 한 대가 날아왔어요."

"아유 다행이네요."

"근데 그 헬기가 우릴 구하기도 전에 산에 추락해 버리지 뭐에요? 눈보라가 심하기도 했지만 조종사가 초짜였던 거죠."

"하하하하…."

할머니, 할아버지는 웃으면서도 걱정스런 눈빛이었다.

"그래서 그 조종사는 어떻게 됐어요?"

"다행히 헬기가 우리 근처로 떨어져서 우리가 그 초짜 조종사를 구했어요. 그리고 얼마 있다가 큰 군용 헬기가 와서 다들 별 탈 없이 구조됐어요."

다니엘라의 이야기에 분위기가 한결 밝아진 것 같았다.

날이 저물어 우리가 돌아가려고 하자 츠베타 할머니가 '바바마르타' 인형과 장식, 그리고 봄꽃이 가득 든 바구니를 건네주었다. 불가리아에선 겨울의 끝을 알리는 '바바 마르타'의 날이 3월 1일이다. 건강과 행복을 서로 기원하며 흰 실과 붉은 실로 함께 엮은 줄을 팔목에 감아주는데, 붉은 색은 남자와 힘, 태양을 상징하고 하얀색은 여자와 행복을 상징한다. 성하지도 않은 손으로 우리를 위해 정성껏 만들어주신, 할머니들의 봄맞이 선물을 받아드는 순간, 그 사랑이 손에 만져지는 듯해 목울대가 울컥 흔들렸다.

우리를 배웅하러 나온 라다 할머니는 주머니를 뒤져 2레바^{한화로 약 1,500원}를 꺼내 직원 한 사람 손에 쥐여주셨다. 직원이 안 받으려고 했지만, 할머니 성의니 그냥 받아두라고 눈을 찡긋하며 눈치를 주었다. 돈 한 푼이 아쉬울 텐데 쌈짓돈을 털어 용돈을 주시는 모습이 잔잔한 감동으로 다가왔다.

소피아로 돌아오는 차 안에서 옆자리의 직원에게 말했다.

"올 때마다 우리가 드리는 것보다 훨씬 더 많은 걸 받아가는 것 같아요."

내 말에 말없이 고개만 끄덕이는 직원의 마음속에도 감동이 일렁이고 있었다.

초이스자선재단을 통해 요즘 추진하고 있는 것이 불우 청소년을 위한 직업학교를 세우는 일이다. 이 방면에 경험이 있는 직원 다니엘라가 과거에 불가리아의 집시들에게 그와 비슷한 학교설립 프로젝트를 진행했었는데, 배우기 싫어하는 집시들의 성격과 문화 때문에 상당한 어려움을 겪었다고 했다. 200명의 집시 학생들에게 배움의 기회를 제공했으나 겨우 30%밖에 졸업을 못 했다는 거였다.

"100%를 바라는 게 너무 큰 욕심 아닐까요? 성공률이 높으면야 좋겠지만 우리의 수고함으로 인해 단 1%라도 변화된 인생이 있다면, 그것만으로도 충분히 가치 있는 일 아닐까요?"

그러자 직원들은 내 말에 고개를 끄덕였다. 처음부터 너무 높은 목표를 세우지는 말고 차근차근 일을 진행하기로 했다.

아버지의 나라, 어머니의 나라

내가 존경하는 인물 중에 신호범 의원이 있다. 유년 시절에 한국전쟁을 겪으며 구걸로 생계를 이어가던 그는 우연한 기회에 미국인

가정에 입양돼 훗날 한국계 미국인 최초로 워싱턴 주 상원 부의장까지 오른 인물이다.

경기도 파주시 금촌이 고향인 그는 네 살 때 어머니를 여의고 아버지마저 행방불명 되자 구걸로 생계를 이어갔다. 당연히 학교 문턱에도 가본 적이 없었다. 열다섯 살 때 서울 영등포 미군부대의 하우스보이 생활을 시작한 그에게 군의관인 레이 폴 박사와의 만남은 인생의 전환점이 되었다. 폴 박사는 배움에 목마른 성실한 그에게 "아버지가 돼주고 싶다."고 말했다. 1953년 미국행 비행기에 몸을 실은 그는 그 후 하루 3시간만 잠을 자며 공부에 매달렸고, 양부모의 부담을 덜기 위해 접시닦이와 배달원, 공사판 노동일을 하며 대학을 졸업했다. 그리고는 국제관계학 석사학위, 동아시아학 석·박사 학위를 받았다. 대학교수로 재직하다 1992년 정계에 입문해 워싱턴 주 하원의원을 시작으로 1998년 11월에는 상원의원에 당선되었다.

클린턴 정부 때 신 의원은 주한 미 대사로 부임할 뻔했다. 이민 1세대는 대사로 임명한 적이 없는 게 관례였지만 마지막 3명으로 압축된 후보군까지 갔다. 그 당시 연방정부 인사담당자가 그에게 이런 질문을 던졌다고 한다.

"당신이 한국대사로 있는 도중에 만약 한·미 간 전쟁이 일어나면 어느 쪽 편을 들겠습니까?"

예상치 못한 질문이었으나 그는 침착하게 대답했다.

"미국은 나를 키워준 아버지의 나라이고, 한국은 나를 낳아준 어머니의 나라입니다. 당신은 부모가 싸우면 어느 쪽 편을 들겠습니까?"

그러한 답변 때문인지는 몰라도 신 의원의 대사 임명은 무산되고 말았다. 그런데 그의 대답은 불가리아란 낯선 나라에서 20년간 사업을 하고 있는 나에게 무척이나 공감이 가는 말이다. 미국이 신 의원에게 했던 것과 마찬가지로, 불가리아도 내게 더없이 좋은 기회를 준 고마운 나라이다. 젊음과 패기로 눈동자만 살아 있을 뿐, 경험도 없고 어설프기 짝이 없던 내가 사업가로서 꿈을 펼치고 도전할 수 있게 만들어준, 그래서 내게 아버지와도 같은 나라이자 제2의 조국인 불가리아에 늘 감사한 마음이다.

나를 낳아준 어머니와도 같은 나라, 한국은 사업을 하는 내게 든든한 버팀목이 돼 주었다. 20년 전 처음으로 사업을 시작했을 때, 한국은 국제적으로 위상이 높은 나라가 결코 아니었다. 그런데 내가 만약 일본인이어서 일본에서 물건을 들여와 사업을 했다면 오늘날과 같은 성공을 거둘 수 있었을까? 그 당시 일본 제품은 품질이 우수한 반면 가격이 비싸 불가리아 시장에서 경쟁력이 없었을 것이다. 또한 내가 인도나 파키스탄 사람이었다면 당시 자국의 산업발전이 낙후된 관계로 불가리아 시장에 내놓을 만한 제품이 없었을 것이다. 그러나 한국은 산업발전이 어느 정도 궤도에 올라 있었고, 한국 제품은 품질이 양호하면서도 값이 저렴해 불가리아 시장을 공략하기 안성맞춤이었다. 결과적으로 내가 한국인이어서 덕을 본 셈이다.

이곳에서 사업을 하며 수시로 한국을 드나들 때마다 몰라보게 발전한 모습을 보며 놀라웠고 자랑스러웠다. 세계적인 투자은행인 골드만삭스가 2050년경 한국이 세계2위의 부국으로 올라설 것이라는 전망을 내놓을 만큼 지난 수십 년간 한국은 눈부시게 발전해 왔고 앞으로도 그러할 것이다. 제2차 세계대전 후 우리나라와 마찬가지로 국제사회의 원조를 받던 국가들 중에는 부패한 정치환경과 낙후된 경제여건으로 인해 여전히 원조대상국에서 못 벗어나는 나라들이 있다. 그러나 우리나라는 OECD 회원국이 되어 개발원조위원회 DAC에 가입했다. 국제사회의 원조를 받다가 주는 나라로 변신을 한 것은 한국이 유일무이하다.

2009년 10월, 한국과 불가리아 수교 20주년을 맞아 불가리아의 파르바노프 대통령이 한국에 국빈으로 초청돼 공식 방문을 했다. 불가리아 정부 고위 관계자와 기업인, 취재진 등 70명 정도가 동행했는데, 기업인으로서 불가리아 경제사절단에 뽑힌 나는 대통령 전용기에 오른 순간 가슴이 벅차올랐다. 난생처음 불가리아 대통령 전용기를 타서가 아니었고, 영어는 한마디도 없이 불가리아어로만 기내방송이 나와서도 아니었다. 불가리아를 대표해서 불가리아 사람들

● 2009년 국빈 자격으로 한국을 방문한 불가리아 파르바노프 대통령

로만 이루어진 경제사절단 중에 유일한 외국인이 나였기 때문이다.

　서른 살의 평범한 샐러리맨이 우물 안 세상을 박차고 나와 낯선 외국 땅에서 사업을 하며 숱한 시행착오와 실패, 좌절을 겪기도 했지만 이방인의 설움과 한계를 딛고 기업인으로 우뚝 선 것에, 그리하여 불가리아 경제인들과 어깨를 나란히 한 채 한국과 불가리아에 가교 역할을 한 것에, 가슴 뿌듯한 긍지를 느꼈다.

Chapter **5**

**그들이 있어
인생이 아름답다**

아버지의 십팔번

어렸을 때, 함박눈이 펑펑 내리는 겨울날이던 어머니는 내게 이렇게 말씀하셨다.

"종태야! 우리 밖에 나가서 눈사람 만들고 놀까?"

좋아라 신이 나서 엄마 손을 잡고 나가려 하면, 아버지가 버럭 소리치셨다.

"눈 오는데 가긴 어딜 가나? 괜히 감기나 걸리지. 그냥 방구석에 디비 자라."

낭만적이고 기분파인 어머니와 달리 아버지는 무뚝뚝하고, 거칠고, 완고한 분이셨다.

가난한 살림이지만 집에 손님이라도 와서 평소보다 거하게 상을 차릴 때면, 어머니는 배불리 먹고도 남을 만큼 음식을 푸짐하게 장만하셨고, 접시에 넘치도록 음식을 담아 상에 올리셨다. 그럴 때마다 아버지는 인상을 쓰며 야단치셨다.

"여편네가 그래 손이 커서 어째! 고마 살림 거덜내겄다."

아버지는 그릇에 넘치게 담은 음식을 덜어내며 어머니에게 잔소리를 하셨다.

절약정신이 몸에 밴 아버지는 술을 무척 좋아하셨지만, 돈 아까운 생각에 남이 사주는 술도 좋아하지 않으셨다. 신세진 것은 꼭 갚아야 직성이 풀리는 분이라 남에게 술을 얻어먹으면 나중에 사줘야만 했고, 그런 데 돈을 쓰는 것이 아까우셨던 거다. 그래서 주로 집에서 술을 드시곤 했다.

'아끼고 또 아끼자'는 우리 집안의 가훈과도 같았다. 화장실에서 일을 보고 나면 보들보들한 휴지는 언감생심, 신문지를 비벼서 사용해야만 했다. 나중에 살림살이가 조금 나아져 휴지를 쓸 만도 했지만 아버지에겐 어림없는 일이었다. 세숫비누를 사면 혹시나 헤프게 쓸까 봐 반으로 뚝 잘라 쓰게 하셨고, 식사 때 밥 한 톨이라도 남기면 불호령이 떨어졌다.

어렸을 땐 아버지가 해도 해도 너무하는 것 같아 불만이 많았다. 그러다 철이 들면서 아버지를 조금은 이해하게 되었다. 어린 나이에 혼자 서울로 상경해 막노동판에서 힘들게 일하며 그날그날의 먹을거리를 해결해야 했던 아버지는 '살아남기' 위해서 아끼고 또 아껴야만 했다. 그러다 한 집안의 가장이 되어 없는 형편에 자식을 넷이나 가르쳐야 했으니 더 말해 무엇하랴. 아버지는 가난을 대물림하지 않으려고 자식 교육에 온 힘을 기울이셨는데, 하루 벌어 하루 사는 건설노동자로서 보통 각오와 집념, 성실함이 아니면 해내기 힘든 일이었다.

장남인 내게 유독 엄하셨던 아버지는 아침마다 갱지 5장을 내밀며 이렇게 말씀하셨다.

"아버지 일 끝나고 올 때까지 여기다 앞뒤로 빽빽하게 채워서 공부해 놔라. 꾀부린다고 글씨 크게 쓰면 어떻게 되는지 알제?"

"예."

어느 안전이라고 글씨를 크게 쓰는 꼼수를 부리겠는가. 작은 글씨로 앞뒤 빽빽하게 채워서 공부한 것을 밤마다 아버지께 보여드리고 검사를 받았다. 그 덕분에 공부를 잘했지만, 그런 '아버지 숙제'에 감사하다고 생각한 적은 없었다.

그러다 초등학교 4학년 무렵, 갑자기 성적이 뚝 떨어진 적이 있었다. 마침 그날, 집에서 술을 드시고 꽤 많이 취해 있던 아버지는 내가 성적이 떨어졌다는 얘길 듣고는 역정을 내셨다.

"공부를 어째 했길래 이래 성적이 떨어지나? 으이? 이딴 성적 받아오라고 공부시켜 주는 줄 아나?"

속이 상하셨는지 아버지는 내게 손찌검을 했고, 머리를 사정없이 잡아당겼다. 그 바람에 머리카락이 한 움큼이나 빠졌다. 너무 아파서 눈물이 핑 돌았다. 성적이 떨어졌다고 그렇게까지 야단치시는 아버지가 밉고 원망스러웠다.

그날 밤, 비장한 각오로 아버지에게 뽑힌 머리카락을 빈 용각산 통에 넣어 간직한 다음, 일기장에 이렇게 썼다.

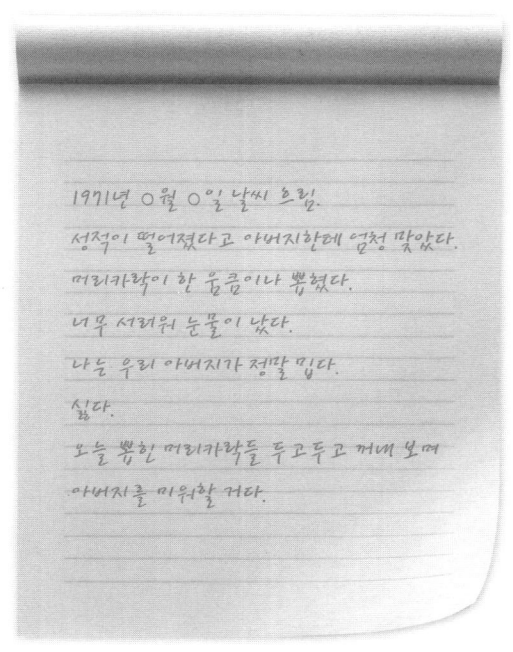

물과 기름처럼 겉돌던 아버지와 어머니는 성격 차이 때문에 부부싸움도 잦았다. 그럴 때면 아버지를 싫어했던 나와 남동생 둘, 그리

고 여동생은 매번 어머니 편을 들었다. 다른 집 아버지들은 안 그런데 우리 아버지는 왜 저럴까? 아버지가 너무나 원망스러웠다. 서글서글하고 밝은 성격의 어머니가 계셔서 그나마 다행이었지, 안 그랬으면 아버지에 대한 반항심이 극에 달해 가출했을지도 모르겠다.

아버지가 허리 디스크로 자리에 눕게 됐을 땐 몸이 아프시니 식구들을 덜 야단치지 않을까 내심 기대했다. 그러나 몸이 아파 일도 못 나가고 집에만 있게 되자 아버지의 잔소리는 더 심해졌다.

나중에 디스크가 완치된 아버지는 다시 건축일을 시작했고, 인부들을 모아 집 장사를 하셨다. 부지런하고 철두철미한 아버지는 누구보다도 일찍 작업장에 나가, 인부들이 출근하자마자 일을 시작할 수 있도록 현장을 정리해 놓으셨다. 임금을 줄 때도 밀리는 일 없이 정확하게 지불해서 '보증수표'란 별명이 생겼다. 그러자 아버지하고라면 비록 일은 고되지만 믿고 일하겠다는 인부들이 줄을 섰다. 그즈음 건설경기가 호황을 누려 아버지는 집 장사로 꽤 돈을 버셨고, 나중엔 마장동에 건물을 지어 세를 놓기도 하셨다.

그러나 아버지가 돈을 잘 벌어도 우리 집은 별반 나아지는 게 없었다. 평생 가난하게 살아오신 아버지는 돈을 벌어도 쓸 줄 모르셨고, 그저 움켜쥐려고만 하셨다.

어렸을 땐 아버지가 두려움의 대상이었지만 대학에 들어가면서 머리가 굵어지자 전보다는 덜 무서웠고, 그때부터는 아버지의 영향권에서 벗어나 아버지를 무시하고 살았던 것 같다.

아버지는 나이 들수록 더 외로워지셨다. 자식들이 어릴 때는 아버지 말 한마디에도 꼼짝 못하고 벌벌 떨었지만, 어른이 되자 아버지 잔소리가 더 이상 통하지 않게 됐고 아버지가 휘두르던 돈의 위력 또한 약해졌다.

그러던 어느 날 아버지가 식구들을 모아놓고 말씀하셨다.

"거제도로 내려가 살란다."

"갑자기 거긴 왜요?"

"전부터 내려갈라고 마음먹고 있었다. 그리 알아라."

어차피 자식들 의견을 물으려고 한 게 아니라 당신 뜻을 밝히려고 부르신 거라 그러려니 했다. 나이가 들수록 고향 생각이 부쩍 난다고 하는데 아버지도 그러셨던 모양이다. 거제도에 땅을 산 아버지는 최고급 자재를 써서 으리으리한 집까지 손수 지으셨다. 아마도 고향사람들에게 "나 서울 올라가 이만큼 성공하고 돌아왔소."하고 자랑하고 싶으셨던 모양이다.

그런데 문제는 어머니였다. 아버지야 거제도가 고향이고, 친척들과 아는 사람들이 많으니 좋으셨겠지만 어머니는 낯선 곳에서 친구분들도 못 만나고 힘든 시간을 보내셨다. 부부 사이라도 좋으면 다행이련만, 그렇지도 않으니 어머니가 무슨 낙으로 거제도에서 살 수 있었겠는가. 그래서 어머니는 동네에 있는 작은 교회를 섬기며 간신히 외로움을 달래고 있었다.

1998년 외환위기 당시 아이들을 한국에서 교육시키기 위해 아내가 아이들을 데리고 한국에 들어가 한동안 살았다. 불가리아와 한국을 자주 오가던 나는 2000년 가을 무렵, 거제도에 계셔야 할 어머니를 서울 한복판에서 마주치고 깜짝 놀랐다.

"어머니! 서울에 웬일이세요?"

어머니는 날 보고 적잖이 당황하신 듯했다.

"언제 올라오신 거예요? 오면 온다고 저한테 미리 연락을 하시지 그랬어요?"

잠시 망설이다 한숨을 푹 쉬고는 어머니가 말씀하셨다.

"아버지랑 나, 이혼했다."

"네에?"

두 분은 얼마 전 부부싸움을 심하게 한 끝에 충동적으로 이혼도장을 찍었다고 했다. 그 후 어머니는 서울의 친그 분 집에서 기거하게 되었고, 아버지는 거제도에 혼자 남아 계셨다.

"어쩌다 그러셨어요? 어머니가 좀 참으시지."

"삼십 년 동안 참고 살았다. 이제 더는 못한다."

어머니는 꽤 단호하셨다.

다급해진 건 아버지 쪽이었다. 서로 물과 기름처럼 겉도는데다 걸핏하면 부부싸움을 하긴 했어도, 삼십 년 넘지 같이 산 어머니와 이혼하고 혼자되자 견딜 수 없으셨던 모양이다. 결국 아버지는 그렇게 고집하던 거제도까지 버리고 서울로 올라오셨다. 그리고는 우리 집 근처의 작은 아파트를 세 얻어 지내시며 어머니에게 다시 합치자고 설득하셨다. 그러나 어머니는 꿈쩍도 하지 않았다. 결국 아버지는 난생처음 자식들을 불러놓고 '명령'이 아닌 '부탁'을 하셨다.

"니 엄마가 내 말은 도무지 들을라고도 안 한다. 니들이 한번 말해봐라. 으이? 나를 봐서라도 부탁한다."

얼마나 절박하면 그러실까 싶어 우리 사 남매가 어머니를 찾아가 설득했다. 그러나 어머니의 돌아선 마음은 쉽게 풀리지 않았다.

아버지는 그래도 희망을 버리지 않으셨고 언젠가 어머니와 다시 합칠 수 있으리라 생각하며 계속 서울에 머물렀다. 우리는 혼자 계신 아버지를 위해 일주일에 세 번씩 들러 반찬을 갖다 드리고, 청소와 빨래를 해드렸다. 그런 과정을 통해 아버지는 우리 가족과 함께 교회에도 다니게 됐다.

어렸을 때 아버지는 내가 어머니를 따라 교회에 다니는 걸 보고, "뭐 할라고 교회는 다니나? 그럴 시간 있으면 공부나 더 해라." 하고 말씀하셨다. 그렇게 교회 다니는 걸 싫어하셨던 분이 나를 따라서 교회에 가겠다고 하자 만감이 교차했다. 아버지 말씀이 반갑고 기쁘기도 했지만 전에 비해 부쩍 약해지신 것 같아 서글펐다.

그 당시 65세를 갓 넘은 아버지는 젊어서부터 힘들게 노동일을 한데다 디스크 때문에 약을 달고 살아서 그런지, 당신 나이보다 더 늙어 보이셨다. 더군다나 늘 곁에서 수발을 들어주던 어머니가 안 계시자 날이 갈수록 약해지셨다.

당신을 위해 매번 음식을 챙겨오는 게 미안했던지, 소뼈를 고아서 끓인 곰탕이 맛있다며 즐겨 드셨다. 만들기도 어렵지 않고, 한 솥 끓여 놓으면 별다른 반찬 없이 먹을 수 있어 아주 좋다고 말씀하셨다. 울산에서 정육도매업을 하는 사촌동생이 보내준 소뼈를 가져가 한 솥 가득 끓여 드리면 아버지는 미안한 얼굴로 나를 보며 "종태야, 고맙다."하고 말씀하셨다. '아버지. 옛날에 그 등등하던 기세는 어디로 가고, 이렇게 약해지셨어요?' 아버지를 혼자 두고 나오려는데 발이 떨어지지 않았다.

지금도 잊혀지지 않는 아버지의 모습이 있다. 추운 겨울의 어느 일요일, 아버지를 모시고 교회에 가려고 차를 몰고 갔다. 약속시간보다 20분이나 일찍 갔는데, 누군가 아파트 앞에 나와 서성이는 게 보였다. 아버지였다. 내가 차로 데리러 오는 게 미안해서, 그리고 혹시나 기다릴까 봐, 아파트 현관 안도 아닌 밖에까지 나와 추위에 덜덜 떨며 기다리고 계셨던 거다. 그때 아버지의 모습이 지금도 마음속에 애잔한 기억으로 남아 있다.

2001년 2월, 아버지는 목에 심한 통증을 느끼고 병원에 가서 검진을 받으셨다. 임파선 암이라고 했다. 그렇게 좋아하던 술과 담배를 끊고 병원에서 투병생활을 하셨다. 그러자 어머니께서는 마음을 돌려 아버지를 지극정성으로 간호하셨다. 나는 아버지 병세를 지켜보느라 한국과 불가리아를 더 빈번하게 오고갔다.

5월의 어느 날, 보통 때와 다름없이 병원에 들러 불가리아에 잠깐 다녀오겠다고 인사를 드렸다. 새로 투약한 항암제가 효과가 있었던지 아버지는 한결 편안해 보였다.

"몸조심하고 잘 댕겨와라."

불가리아에서 일을 보고 한국으로 돌아가던 날, 공항으로 가는 차 안에서 휴대폰이 울렸다. 전화기 너머로 다급한 아내 목소리가 들렸다.

"아버지께서 위독하세요. 서울에 도착할 때까지 살아 계실지 모르겠어요."

비행기를 타고 오는 내내 아버지에게 마지막 말을 할 수 있게 해달라고 간절히 기도하고 또 기도했다. 인천공항에 도착하자마자 아내에게 전화를 했다. 전화기 너머로 잠시 침묵이 흐르더니 착 가라앉은 아내의 음성이 들렸다.

"운명하셨어요."

마음의 준비를 하고 있었건만, 목구멍에서 뜨거운 것이 올라오며 눈앞이 흐릿해졌다. "몸조심하고 잘 댕겨와라."가 아버지한테 들은 마지막 말이 될 줄이야.

아버지는 내가 탄 비행기가 인천공항에 내리는 시각에 돌아가셨다. 당시에 통증이 너무 심해 아버지를 침대에 묶어놓아야 했는데, 내가 임종을 지킬 수 있게 생명연장 조치를 취하려고도 했지만 아버지가 받을 고통이 너무 심해 그냥 보내드렸다고 했다.

어렸을 때는 아버지를 이해하지 못했지만, 흰 머리가 눈에 띄게 희끗희끗 올라오는 나이가 되고 보니, 그땐 왜 그렇게 아버지를 이해하지 못했나 싶다. 가진 거라곤 몸뚱이밖에 없어 거칠디거친 노동현장을 전전하며 자식들 넷을 먹이고, 입히고, 대학까지 가르치느라 전쟁같이 치열하게 살아오신 아버지. 어깨를 무겁게 짓누르는, 가장으로서의 그 막중한 책임을 누구와 나눌 수 있었겠는가? 가장인 아버지가 약한 모습을 보이면 가족들이 불안할 수밖에. 그래서 아버지는 더 강하고 엄격하게 가정을 다스릴 수밖에 없었고, 그러면 그럴수록 가족들과 멀어져 혼자 외로움 속에 사셨다. 어려움이 닥치면 세상의 어머니들은 겉으로 울지만 아버지들은 속으로 운다는 말이 있다. 우리 아버지 역시 자식들에겐 호랑이 같은 존재였지만 돌아서서 속으로 우신 일이 얼마나 많았을까.

섬유원단 사업으로 한창 바쁘게 일하던 1998년쯤, 사무실과 창고가 한데 붙어 있는 건물을 임대해 새로 이사했는데 그 무렵에 아버지가 불가리아에 오셨다. 새 사무실과 창고를 둘러보던 아버지는 한

동안 아무 말씀이 없으셨다. 긍정적인 말이나 칭찬을 내심 기대했던 나는 슬슬 조바심이 났다.

"아버지, 사무실이 별로 마음에 안 드세요?"

그때 묵묵히 사무실을 둘러보던 아버지의 눈가에 이슬이 맺힌 것을 보았다. 워낙 무뚝뚝한 성격이라 술이라도 드셔야 감정 표현을 하는 아버지가, 대낮에 멀쩡한 정신으로 눈물을 보이자 놀라지 않을 수 없었다. 잠시 후 아버지는 이렇게 말씀하셨다.

"내가 너한테 해 준 게 아무 것도 없는데, 먼 외국 땅에서 혼자 욕 봤다."

아버지에게서 처음 듣는 따뜻한 말에 그간의 고생을 보상받는 듯했다.

요즘은 시대가 좋아져 '좋은 아빠'가 되기 위한 코칭 프로그램이 다양하게 발달해 있다. 하지만 먹고살기 바빴던 우리 아버지 세대들은 그런 걸 누려보지 못했다. 오늘날의 눈부신 경제성장은 우리 아버지 세대의 피와 땀이 있기에 가능했는데, 정작 당신들은 그걸 누리지 못하시니 안타까울 따름이다. 토론토 한인교회에서 〈아버지학교〉에 참가했을 때, '우리 아버지도 생전에 이런 걸 배울 수 있었다면, 그래서 자식들과 소통하는 법을 배웠다면 혼자서 그렇게 외롭지는 않았을 텐데' 하는 생각이 들었다.

아버지가 돌아가시고 나니, 오히려 살아 계실 때보다 더 새록새록 생각난다. 사업을 하면서 일을 꼼꼼하고 정확하게 처리한다는 말을 들으면 〈보증수표〉라는 별명이 따라다녔던 아버지가 떠오른다. 멋모르던 어린 시절, 아버지 같이 되지 않겠다고 다짐했지만 역시 내 안에는 아버지의 피가 흐르고 있다.

불가리아에 20년을 정착해 살면서도 이따금씩 이방인의 외로움을 느낄 때가 있다. 그럴 때면 아버지가 생전에 술만 드시면 부르던 십팔번, 〈나그네 설움〉이 귓가에, 그리고 입가에 맴돈다.

오늘도 걷는다만은 정처 없는 이 발길
지나온 자욱마다 눈물 고였다
선창가 고동소리 옛 님이 그리워도
나그네 흐를 길은 한이 없어라

아버지, 고생 많으셨어요. 이젠 편히 쉬세요.

아내와의 갈등을 넘어

아내를 처음 만난 건 대학교 1학년 때였다. 서울 시청 근처에서 일을 보고 집에 가려는데 마침 국군의 날 행사가 시작되면서 구경 나온 인파로 거리가 붐비기 시작했다. 행사를 직접 본 적은 한 번도 없어서 잠시 구경하려고 했다.

그런데 인파가 갑작스레 늘어나더니 발 디딜 틈도 없이 북적거리기 시작했고, 급기야는 사람에 치여 이리저리 떠밀리게 됐다. 그러다 바로 내 앞에 서 있던 어떤 아가씨에게 본의 아니게 몸을 밀착시키고 말았다. 그러자 그녀가 힐끗 뒤를 돌아보았다. 한국 남자들의 영원한 로망인 긴 생머리에, 청순한 외모. 살짝 인상을 쓰며 돌아본 그녀는 내가 어쩔 수 없이 몸을 부딪친 걸 알고는 고개를 돌렸다. 얼굴을 자세히 보고 싶었는데 또 누군가가 나를 떠밀어 그녀에게 부딪치게 만들었다. 나를 떠미는 군중의 무리가 그렇게 고마운 건 처음이었다. 그녀가 두 번째로 나를 돌아봤을 때, 뭔가 느낌이 강하게 왔다. 말을 걸어 말어? 생각보다 말이 앞섰던지 내 입에서는 이런 말이 튀어나왔다.

"아가씨, 잠깐만요."

살짝 긴장한 나를 보고 그녀도 내가 작업(?)을 건다는 걸 알았지만 일단 시치미 뚝 떼고 이렇게 말했다.

"왜 그러시는데요?"

"너무 복잡해서 여기선 행사구경을 못할 것 같아요. 차라리 어디 카페에 가서 TV중계를 보는 게 어때요?"

국군의 날 행사 따위야 관심 없었지만 작업을 걸 구실로는 딱이었다. 그런데 "왜 내가 댁하고 까페에 가서 TV중계를 봐야 하죠?" 하고 물으면 어떡하지? 뭐라고 대답한다? 그때 망설이던 그녀가 다행히도 이렇게 말해주었다.

"글세요… 갈 만한 데가 있을지 모르겠네요."

덥석 물지 않고 살짝 튕겨주는 저 센스. 그러면서도 일말의 여지는 잊지 않고 남기는군.

나는 그녀를 데리고 근처 카페로 갔다. 마침 카페의 TV에서는 국군의 날 행사가 생중계되고 있었다. 하지만 우리는 애초의 취지(?)와는 달리 그쪽으로는 눈길 한 번 주지 않았다. 첫 만남의 설레임과 긴장 속에서 대화를 나누다 가장 중요한 연락처를 알아냈다. 며칠 후에 다시 만나자고 약속했다.

그때 그 아가씨가 바로 지금의 아내다. 그날 이후 사귀기 시작해 대학교 3학년을 마치고 군에 입대해 있을 때 결혼했다. 보안사령부의 특수팀에 속해 있어 출퇴근이 가능했기 때문에 결혼생활을 할 수 있었고, 신혼의 단꿈 속에 행복한 나날이었다.

그런 아내와의 관계에 조금씩 균열이 생긴 건 내가 크리스천이 되면서부터였다. 군대에서 조준묵 준위님을 통해 예수님을 만나고 내가 교회에 다니기 시작하자 아내는 꽤 충격을 받은 듯했다. 그나마 거기까지는 괜찮았는데, 아내에게도 함께 교회에 가자고 강권한 것이 문제였다.

다른 가정에서는 싫다는 남편을 아내가 억지로 끌고 교회에 가는 경우가 많은데, 우리 집은 정반대였다. 아내는 자기 주장이 강하다기보다는, 여성적이고 비교적 남편 뜻을 존중해주는 편이라 어쩔 수 없이 교회에 끌려갔다. 유교적인 집안에서 자라 한 번도 교회에 다닌 적이 없고, 관심도 없던 사람이 순전히 남편 때문에 억지 춘향으로 끌려갔다. 아무런 공감도 없이, 그렇다고 싫은 내색도 못하고, 꿔다놓은 보릿자루처럼 앉아 있으려니 얼마나 힘들었을까. 그런 아내를 변화시켜 반드시 크리스천으로 만들리라 다짐했지만, 아내는 좀처럼 바뀌지 않았고 보이지 않는 균열이 우리 둘 사이에 생겼다.

변명하려는 건 아니지만, 나는 그렇게 나쁜 남편만은 아니다. 우리 집 사 남매 중 장남이면서도 가장 애교가 많은 나는 가정적이고 자상한 편이다. 무뚝뚝하고 완고한 아버지를 보며, 나는 나중에 저러지 말아야지 생각했기 때문에 의식적으로 자상한 남편, 자상한 아빠가 되려고 노력한 탓도 있다. 웬만한 일은 아이들이나 아내에게 맞춰주려고 했고, 간혹 욱하는 마음이 들어도 곧바로 진정하고 가족들을 잘 다독이려 애썼다. 가끔 아내가 집안일로 힘들어하면 설거지와 청소를 거들기도 했는데, 원래 아내는 내가 집안일을 소소하게 돕는 걸 반기지 않았다. 밖에서 힘들게 일하고 온 남편이 집에 와서까지 쉬지 못함을 염려하는, 애정 어린 마음 때문이었다.

그렇게 아내를 배려하며 잘 맞춰주는 남편임에도 불구하고 신앙에 있어서만큼은 고집을 세우고 아내를 변화시켜야 한다는 강박관념에 사로잡혔다. 교회 사람들과 어울리면서 믿음이 없는 아내를 그들에게 들키는(?) 것이 내 치부를 들키는 것인 양 마음이 편치 않았다. 신앙에 있어서만큼은 내가 옳고 아내는 틀리다고 생각했고, 하루빨리 아내를 변화시켜야겠다는 조급한 마음에, 한 치의 양보나 배려도 없이 압박했다.

그러나 내 압박이 심해질수록 아내는 마음의 문을 닫아버렸다. 신앙 이외의 부분은 아무 문제가 없었지만 중요한 영혼의 공감대가 사라져버린 아내와의 관계는 겉돌기 시작했다.

아내와의 그런 관계가 전환점을 맞은 건 암스테르담 CBMC대회 때였다. 예수님과의 첫사랑을 다시 회복한 나는 대회 기간에 또 다른 깨우침을 얻었다. '가델'이란 부부관계 회복프로그램이 있었는데, 가델 사역의 중심에 서서 활발한 활동을 하시는 중앙 에너비스의 한상열 회장님이 특별강사로 초빙돼 2시간 가까이 부부관계에 관한 세미나를 하셨다. 그분의 말씀을 듣고 하나님 안에서 부부로 맺어진 의미는 어떤 것인지 알게 되었고, 각자가 기질이 '다를' 뿐이지, '틀린' 것은 아니라는 걸 깨달았다. 아내를 나의 분신쯤으로, 혹은 제2의 자아로 생각했던 나는, 살면서 처음으로 아내가 나와는 '다른' 인격체라는 것을 알게 되었다. 더구나 예수님을 믿는다는 것이 누가 억지로 시켜서 될 일인가? 그런데도 외골수 같은 내 신앙만을 고집하고, 내 기준만을 들이대며 아내를 조급하게 몰아붙였으니 보이지 않는 폭력이 아니고 무엇인가? 내가 옳고 아내가 틀리다는 생각이야말로 '틀린' 것이며, 나와 아내는 서로 '다른' 거였다. 그동안 아내가 얼마나 힘들었을지 생각하자 이루 말할 수 없는 안타까움이 밀려왔다.

암스테르담 CBMC 대회를 마치고 소피아로 돌아온 나는 비행기에서 내리자마자 곧장 집으로 달려갔다. 아내의 손을 이끌고 침대에 마주 앉아 그간에 내가 행했던, 보이지 않는 폭력을 사죄하며 대성통곡했다. 아내 앞에서 그렇게 눈물을 보이며 우는 것은 처음이었다. 밝은 대낮에 맨정신으로 꺽꺽 울음을 토해내자 아내는 놀라고 당황해 어찌할 바를 몰랐다.

"잘못했어. 용서해 줘."

"갑자기 그게 무슨 소리에요? 당신, 무슨 일 있었어요?"

"내가 그동안 당신한테 얼마나 잘못했는지 이제야 알게 됐어."

암스테르담 CBMC 대회에서의 일을 아내에게 모조리 이야기했다. 그리고 진심으로 용서를 빌었다. 그러자 아내도 주르르 눈물을 흘렸다.

그 일을 계기로 아내 마음의 빗장이 조금씩 풀리기 시작했고, 어딘지 모르게 소원해졌던 부부 사이가 회복되기 시작했다. 아내는 전보다 훨씬 홀가분한 마음으로 교회에 가게 됐고, 교회 사람들과의 모임도 가기 싫으면 싫다고 확실하게 의사표현을 한다. 그러면 나는 두말 않고 아내의 의사를 존중해준다. 언젠가 하나님의 때가 아내에게 도래할 거란 믿음이 있으니 조급할 일이 없다.

인생역전의 사나이 루치

불가리아에서 사업을 하던 초창기에, 일 때문에 소피아에 있는 코트라^{KOTRA} 사무실에 갔던 적이 있다. 누군가를 만나려고 앉아 있는데 떡 벌어진 체격의 불가리아 남자와 눈이 마주쳤다. 운동으로 다져진 몸을 보니 권투나 유도 같은 운동선수 출신이 틀림없었다. 그는 나와 눈이 마주치자 씩 웃으며 먼저 말을 걸었다.

"저 북한에 가본 적 있어요."

"그래요?"

"유도 국가대표 선수로 평양에 갔었습니다."

"어쩐지. 운동을 하신 분 같다고 생각했습니다. 그럼 지금도 유도를 하시겠네요?"

"아뇨, 관뒀어요. 바르나^{불가리아의 항구도시}에서 여름 한철 웨이터로 돈을 벌어 그냥 여기저기 떠돌아다니고 있습니다. 실례지만 그쪽은 어떤 일을 하세요?"

"사업을 하고 있습니다."

"아, 네."

북한이라는 매개체로 그렇게 대화를 나누다 그에게 내 명함을 주고 헤어졌다. 그는 루치 딘체프라고 했다.

얼마 뒤 루치가 나를 찾아와 거두절미하고 말했다.

"당신 회사에 내가 할 만한 일이 있습니까? 일자리가 급하게 필요해서요."

잘 알지도 못하는 사람에게 그런 부탁을 하러 오면 대개는 다른 이야기를 꺼내며 뜸을 들이고 기회를 엿보기 마련인데, 루치는 서슴없었다. 거침없고 다부진 인상이 괜히 만들어진 게 아닌 듯했다.

"글쎄요. 지금은 직원을 더 채용할 여력이 없네요."

내 말에 그가 조금 실망한 듯했다.

"그럼 할 수 없죠, 뭐."

되면 좋지만 안 되도 할 수 없다는 생각을 했는지, 얼마 지나지 않아 그의 표정이 다시 밝아졌고 다음에 또 보자는 말을 남기고 사라졌다.

이후로 그와 가끔 만나 식사를 같이하며 친분을 쌓았다. 나보다 두 살 많아 연배도 비슷했지만 뭔가 통하는 데가 있어서 오랜 친구처럼 격의 없는 사이로 발전했다.

그로부터 1년쯤 지났을 때, 오랜만에 그를 만나 반갑게 인사를 나눴는데 그가 이번에도 거두절미하고 본론부터 말했다.

"모스크바에 일자리가 있어서 가야 하는데, 비행기 티켓을 살 돈이 없어."

나더러 티켓을 사달라는 얘긴가? 진의를 몰라 내가 잠시 머뭇거리자 그가 쐐기를 박았다.

"돈 좀 빌려줄 수 있어?"

그런 말을 그렇게 당당하게 하는 그가 잠시 부러웠다.

"어떤 일자리인데 그래?"

"러시아 원자재 수출과 관련한 일이야."

그 무렵 개혁과 개방의 물결이 밀어닥친 러시아에는 서방 기업들의 투자가 쇄도하며 개발 붐이 일고 있었다. 좋은 기회를 놓치고 싶지 않은 듯 절실한 그의 눈빛을 보자 왠지 안 도와주면 안 될 것 같았다.

"그래, 알았어. 비행기 티켓은 내 선물이니까 안 갚아도 돼."

"고맙다. 오늘 신세진 거 잊지 않을게."

"행운을 빈다."

그리고서 루치 일은 죽 잊고 지냈고 이렇다 할 연락도 없었다. 그런데 한 2년쯤 뒤, 그에게서 갑자기 전화가 왔다.

"오랜만이야, 존."

존은 내 영어식 이름이다.

"루치! 이게 얼마만이야? 잘 지냈어?"

"그럼, 잘 지냈지. 나 지금 소피아에 와 있어. 오늘 얼굴 좀 볼까 하는데 시간 어때?"

"좋지."

"그럼 이따가 사무실로 차를 보낼게 타고 와."

차를 보낸다고? 루치의 목소리는 원래가 밝은 톤이었지만 그날은 밝은 정도를 넘어 흥분한 듯했고, 거들먹거린다는 느낌까지 들었다. 차를 보낸다니 고마운 일이고, 그의 일이 생각보다 잘 풀린 모양이라 생각하며 약속시간을 잡고 전화를 끊었다.

일을 마치고 약속시간에 맞춰 사무실을 나서는데 최신 모델인 중형 메르세데스 벤츠 자동차가 내 쪽으로 미끄러져 들어와 섰다. 차 문이 열리더니 루치만큼이나 떡 벌어진 체격의 남자 둘이 내렸는데, 보디가드라기보다는 검은 세력의 수행원 같은 느낌이 강했다. 나와는 전혀 다른 세계의 사람들이고, 그게 루치가 보낸 차라고는 생각지도 못한 채 발길을 돌렸다. 그러자 두 남자가 저벅저벅 걸어와 내 앞을 막아섰다.

"미스터 팍! 저희가 모시겠습니다."

"네에?"

뜻밖의 상황에 놀란 나머지 잠시 멍해졌다. 이 사람들이 내 이름을 어떻게 알지?

"사장님이 기다리고 계십니다. 같이 가시죠."

아무리 봐도 마피아 냄새가 나는 남자들이, 차에 안 타면 한 대 쳐서라도 태울 기세로 말하자 위축되지 않을 수 없었다. 내가 이쪽 사람들과 엮일 일은 없는데 대체 무슨 일이지? 마피아가 이젠 라면 사업에도 뛰어들었나? 그래서 나를 부르는 건가? 짧은 순간에 별별 생각이 다 들었지만 애써 침착하게 말했다.

"뭔가 착오가 있는 것 같은데요, 전 약속이 있어서 이만."

홱 돌아서는데 한 남자가 등뒤에 대고 이렇게 말했다.

"딘체프씨하고 만나기로 하셨죠?"

"그걸 어떻게...?"

"딘체프씨가 보내서 왔습니다. 타시죠."

그들의 말이 쉽사리 믿어지지 않았지만 더는 거부할 이유가 없어 차에 올라탔다. 뭔가에 홀린 기분으로 뒷좌석에 앉아 있는데 잠시 후 시내 중심가의 한 건물 앞에 도착했다. 차에서 내려서자 웬 남자 하나가 걸어 나오는 게 보였다. 마피아 보스의 포스가 느껴질 것만 같은 그 남자는… 정말로 루치 딘체프였다!!! 너무 놀라 입을 쩍 벌리고 서 있는데, 그가 반갑게 웃으며 나를 덥석 안았다.

"존! 이게 얼마만이야?"

고급 양복을 입고 몰라보게 변한 그에게선 성공의 향기가 물씬 묻어났다. 나를 만난 게 몹시 반가운지 다시 한 번 꽉 끌어안고는 자기 사무실로 안내했다.

흔히들 '마피아'라고 하면 영화에서처럼 암살과 총격전을 서슴지 않는 무자비한 범죄조직만을 떠올리는데, 실상은 그렇지 않다. 마피아라기보다는 로비스트란 말이 더 어울리는 그들은 대규모 사업 프로젝트나 무기 거래를 위해 로비를 하고, 이권을 챙기며, 경우에 따라선 폭력을 사용해 골치 아픈 문제를 해결하기도 한다. 서민을 상대로 보호세나 자릿세 명목으로 돈을 뜯는 것은 개방 초기에나 있었던 일이고, 이후로는 좀 더 굵직한 사업에 손을 뻗어 정상적인 비즈니스의 얼굴을 한 채 합법과 불법의 경계를 넘나들고 있다. 일의 성격상 안 되는 일도 되게 하는 강한 추진력과 완력이 필요하기 때문에, 운동선수 출신이 이 방면에서 두각을 나타냈고 루치도 그런 사람 중의 하나였다.

비행기 티켓 살 돈이 없어 내게 도움을 청했던 루치는 러시아로 건너가 원자재와 관련된 일을 하다 암시장을 장악하고 있는 어느 조직에 들어간 모양이었다. 서방 기업들의 투자가 쇄도하며 혼란스럽던 그때, 러시아 루블화는 은행권의 공식 환율과 암시장의 환율 차이가 50%를 훌쩍 넘었다. 루치는 러시아 원자재사업을 하는 한편 오스트리아의 금융회사를 파트너로 삼아 환율 차이로 이익을 챙기며 큰돈을 벌었고, 로비스트로 자리를 잡아갔다.

이제 국제적인 사업가처럼 묵직하고도 여유로운 풍모를 자랑하는 그에게선 제대로 된 직업도 없이 여기저기를 떠돌던 과거의 모습은 찾아볼 수 없었다. 아, 이런 게 바로 인생역전이구나 생각했다.

"그때 네가 비행기 티켓을 사주지 않았다면 지금의 나는 없었을지도 모르지. 정말 고맙다."

"고맙긴. 네가 이렇게 잘 돼서 내가 더 기분 좋다."

"근데 지금도 궁금한 게 하나 있어. 그때 왜 날 도와준 거야?"

뜻밖의 질문을 듣고 보니 그때 내가 왜 그랬는지 스스로도 궁금해졌다. 기억을 더듬어 한참 생각하다 보니 문득 그때의 느낌이 되살아났다.

"글쎄… 그때 네가 상당히 절박해 보이기도 했지만, 그보다는 거부할 수 없는 어떤 힘을 느꼈던 것 같아. 뭔가에 도전하려는 강한 열망, 에너지, 뭐 그런 거 말이야. 거기에 찬물을 끼얹기보다는 길을 열어주고 싶었지."

그는 내 대답이 만족스러운 듯 고개를 끄덕이다 이렇게 말했다.

"어려운 일 있거나 내 도움이 필요하면 언제든 말해. 난 빚지고는 못 사는 놈이거든."

루치와 좀 더 많은 이야기를 나누면서, 그가 그저 운이 좋아 인생 역전을 이룬 건 아니란 걸 알게 되었다. 기회를 포착해 물고 늘어지는 도전 정신, 끝장을 보고야 마는 추진력, 그런 것들이 있었기에 가능했으리라.

그 후 루치는 불가리아에 불어닥친 사유화 정책을 또 한 번의 기회로 활용했다. 과거 공산주의 시절에 국가가 몰수한 사유재산을 원래 주인에게 돌려주는 정책이 시행됐을 때, 불가리아 환경부의 고문으로 위촉된 그는 이 정책을 주관하는 부서에서 일했다. 사유화 정책에 따라 국가 소유의 낡은 공장과 호텔 등 부동산 매물이 쏟아져 나왔는데, 이를 옛 주인에게 돌려주는 과정에서 루치 자신도 부동산을 취득해 큰 이익을 볼 수 있었다.

 이후로는 러시아 무기들을 중동이나 아프리카 등지로 수출하는 무기거래상으로서, 불가리아 정치·경제계의 두터운 인맥을 이용해 국제적인 로비스트로 발돋움하게 되었다. 2009년 10월 불가리아 파르바노프 대통령이 국빈 자격으로 한국을 방문했을 때, 경제사절단에 포함된 루치 딘체프는 나와 함께 대통령 전용기를 타고 한국으로 날아갔다.

● ● ●
신데렐라맨 크라시

 '미스터 팍'에서 매운 소고기 맛 라면을 새롭게 출시한 적이 있었다. 농심의 베스트셀러인 신라면보다는 한참 덜 맵지만 유럽인들이 먹기엔 상당히 매운 맛이었다. 조심스러운 부분이 있는 만큼, 시식회를 통해 대중의 반응을 살핀 후 매운맛을 조절하기로 했다.

 거리에서 시식회를 하던 어느 날, 그날은 나도 현장에 나가 사람들의 반응을 보기로 했다. 공짜로 라면을 먹을 수 있는 기회인지라 사람들이 구름처럼 몰려들었다. 그들에게 라면을 나눠주랴, 반응을 체크하랴 한참을 바쁘게 보낸 후, 인파가 조금 뜸해지자 겨우 숨을 돌릴 수 있었다.

그때 집시 남자 둘이 우리 쪽으로 다가왔다. 한눈에 보기에도 노숙자나 부랑자 같은 그들은 맛있는 냄새에 이끌려 여기까지 온 듯했다. 둘 중 한 남자는 덩치가 크고 느물느물해 보였고, 다른 한 남자는 왜소하고 깡마른 체격에 소심한 인상이었다. 라면 한 그릇씩을 주자 덩치 큰 남자는 게걸스럽게 라면을 먹었고, 마른 남자는 우리 눈치를 보며 천천히 먹었다.

"어때요? 너무 맵지 않아요?"

● 유랑민족인 집시 중에는 광대나 악사, 점술가가 많다.

덩치 큰 남자가 고개를 갸웃거리며 말했다.

"글세요, 매운 것도 같고… 아닌 것도 같고…. 조금만 더 줘봐요."

당당하게 라면을 요구하는 그에게 한 그릇을 더 주었다. 그는 그래도 맛을 잘 모르겠다며 고개를 갸웃거리더니 더 달라고 했다. 배를 채우려는 수작인 줄 뻔히 알았지만 얼마나 배가 고프면 그럴까 싶어 달라는 대로 주었다. 먹을 만큼 먹고 나자 배가 불렀는지, 아주 냉정하게 맛을 평가했다.

"이렇게 매운 걸 어떻게 먹으라는 거에요?"

그리고는 배를 두드리며 가버렸다. 아니, 그렇게 매우면 그만 먹을 것이지, 네 그릇이나 비우고 나서 맵다고 하는 건 무슨 경우람? 어이가 없어 웃음이 났다.

그런데 함께 온 마른 남자는 라면을 깨작거리며 아직도 한 그릇을 못 비우고 있었다.

"왜요? 맛이 없어요?"

"아뇨."

"근데 왜 잘 못 먹어요? 너무 매운가보네."

"아뇨… 먹을만해요."

"그럼 왜…?"

내가 자꾸 묻자 대답을 망설이던 그가 이렇게 말했다.

"그냥… 천천히 맛을 음미하느라구요."

한마디로 맛있다는 얘긴데, 그는 그런 표현도 잘 못할 만큼 소심하고 위축돼 보였다. 왠지 그에게 자꾸 말을 걸고 싶었다.

"미스터 팍 라면 많이 먹어봤어요?"

"……아뇨. 비싸서… 몇 번 못 먹어봤어요."

결코 비싸지 않은 가격인데도 라면이 비싸다는 건 그의 주머니가 그만큼 가볍다는 얘기였다. 안 됐다는 생각이 들었다.

"지금 하는 일 있어요?"

"…아뇨."

"일 하고 싶은 생각 없어요?"

"생각이야 있는데, 일자리 구하기가 어려워서요…."

"그럼 우리 회사에 와서 일해 볼래요?"

"네에?"

그는 깜짝 놀라 나를 쳐다보았다.

"내일 내 사무실로 와보세요. 어떤 일을 하면 좋을지 같이 얘기해 보죠."

"정말이요?"

"속고만 살았습니까? 정말이에요. 내일 꼭 오세요."

그 남자는 자기가 내 말을 제대로 들은 건가 싶어 귀를 의심하는 표정이었다.

혹시나 했는데 다행히도 다음날, 남자가 찾아왔다. 그에게 우리 회사의 창고지기 보조 일을 맡기기로 했다. 생각지도 않은 곳에서 좋은 일자리를 얻게 되자 그는 기뻐서 어쩔 줄 몰랐다. 고맙다는 말을 백 번쯤 하고는 코가 땅에 닿도록 꾸벅 인사하고 사무실을 나갔다. 그의 이름은 크라시라고 했다.

잘 알지도 못하는 집시 남자를 창고지기로 채용하자 직원들이 말이 많았다.
"미스터 팍! 왜 그런 사람을 고용한 거에요?"
"집시들은 한 군데서 진득하게 일하지도 못하고, 손버릇 안 좋은 사람도 꽤 있어요."
"잘해줘 봤자 아무 소용 없을걸요?"
크라시가 우리 회사에 얼마나 진득하게 붙어 있을지를 두고 직원들은 내기를 하기도 했다. 그들이 그런 반응을 보인 건 집시들에 대한 고정관념 때문인데 사실 그들의 생각이 틀린 것은 아니다.
인도에서 서남아시아와 유럽으로 퍼져나간 집시들은 유랑민족으로, 방랑생활을 계속하는 이들도 있지만 한 곳에 정착해 사는 이들도 있다. 그들은 매우 신비롭고 특이한 존재로 여겨졌으나 미움과 차별의 대상이 되기도 했다. 20세기에는 많은 집시들이 나치에 의해 학살당했고, 오늘날에도 여전히 차별받고 있다. 광대나 악사, 점술가, 금속이나 나무 제작업에 종사하는 이들이 있는가 하면, 좀도둑질과 구걸, 암거래 등으로 생계를 해결하는 이들 때문에 집시에 대한 안 좋은 평판이 생겨났다. 문맹률이 높은데다 정착을 싫어하고 떠돌아다니는 습성 탓에 근면이나 성실, 신뢰 같은 단어와는 거리가 멀었다. 당연히 좋은 일자리를 얻을 기회도 드물었다.

하지만 나는 의기소침한 크라시에게 달리 살아볼 기회를 주고 싶었다. 열악한 환경 탓에 스스로 포기하고 살아서 그렇지, 좀 더 나은 삶에 대한 열망이 그라고 왜 없겠는가? 기회만 주어진다면 그도 스스로 달라지려고 노력하지 않을까? 제대로 된 일자리를 얻어 안정된 삶을 살게 되면 의사표현도 잘 못할 만큼 위축되고 소심한 마음에도 자신감이 생기지 않을까?

일주일도 못 가 그만두리라던 직원들의 예상과는 달리 크라시는 하루도 안 빠지고 꼬박꼬박 출근했고, 맡은 일을 성실히 해냈다. 회사에서 나와 마주칠 때면 처음엔 수줍은 듯 눈인사만 하고 가버렸지만, 나중엔 이런저런 얘기를 주고받을 만큼 가까워졌다. 내가 괜한 짓을 한 건 아니구나 하는 생각에 뿌듯했다.

그러던 어느날 크라시가 창고 청소를 하고 있길래 다가가서 이런저런 이야기를 나누었다. 그가 여자 친구 얘기를 꺼냈다.

"여자 친구가 결혼하자고 조르는데, 걱정이에요."

"왜요? 결혼할 생각이 없어요?"

"아뇨. 하고는 싶은데, 결혼하려면 돈이 많이 들잖아요."

"그렇게 결혼을 미루다 여자 친구가 떠나버리면 어쩌려구요?"

"그러게 말이에요."

그는 깊은 한숨을 내쉬었다.

"그러지 말고 새로 직장도 얻었으니까 조촐하게라도 결혼식을 올리도록 해요."

"아무래도 그래야겠죠?"

며칠 후 돈을 조금 준비해서 크라시에게 내밀었다.

"많은 금액은 아니지만 결혼식에 보태서 써요. 그냥 돕고 싶어서 그런 거니까 부담 갖지 말구요."

쭈뼛거리며 자꾸 사양하는 그를 겨우 설득해 돈을 쥐여주었다. 결혼을 할 수 있게 되자 여자 친구는 몹시 기뻐했고, 크라시 역시 마찬가지였다. 결혼식 선물로 뭘 줄까 고민하던 나는 그에게 고급 구두 한 켤레를 선물했다.

"좋은 구두는 여자를 좋은 곳으로 데려다 준다는 말, 들어본 적 있어요?"

"글쎄요, 잘 모르겠는데요…."

"어쨌든 그런 말이 있는데, 내 생각엔 여자뿐단 아니라 남자도 마찬가지 같아요. 이 구두가 크라시를 정말 좋은 곳으로 데려다 주길 바래요."

그는 거의 울 듯한 표정으로 나를 쳐다보았다.

"미스터 팍! 정말 고맙습니다. 고맙습니다."

내가 선물한 구두를 신고 크라시가 결혼식을 올리던 날, 내 차를 장미꽃으로 장식하고 내가 직접 운전까지 해서 두 사람을 결혼식장으로 에스코트하자, 하객으로 온 집시들이 감동을 받은 듯했다.

그런데 크라시가 며칠 뒤 회사에 결근하더니 흔적도 없이 사라졌다. 아주 마음먹고 사라진 듯 도무지 연락이 닿지 않았다. 그러자 직원들이 기다렸다는 듯 한마디씩 했다.

"제가 이럴 줄 알았어요."

"사장님이 잘해주니까 받을 것만 쏙 받고 도망친 거네요."

"그러게 잘해줘 봤자 소용없다고 말씀드렸잖아요."

직원들의 지적에 마음이 아팠다.

크라시가 왜 그랬을까 생각하다가 문득 신데렐라를 떠올렸다. 아이들이 어렸을 때 동화책을 읽어주면서 신데렐라는 정말 행복했을까 잠시 진지하게 생각했던 적이 있다. 재투성이 소녀에서 하루아침에 왕자비가 됐으니 그보다 더한 인생역전이 어디 있으랴. 그러나 갑작스런 신분 상승과 주위 사람들의 질시 어린 시선, 그리고 높아진 기대 수준 때문에 힘들지 않았을까?

경제적으로는 어려워도 마음만은 자유롭게 여기저기 떠돌아다니다가, 갑자기 직장을 갖게 되면서 낯선 생활의 틀에 자신을 맞춰 나가려 했던 '신데렐라 맨' 크라시. 그가 얼마나 부담스러웠을지 그제서야 알 것 같았다. 잘해주면서 자기에게 뭔가를 기대하는 것 같은데 거기에 부응할 자신은 없어 마음이 편치 않았을 거다. 더구나 실험대의 개구리처럼 자신을 지켜보는 회사 직원들의 시선도 불편했을 거다. 그래서 도망쳐버린 거다.

소외된 한 사람의 인생에 변화를 시도하며 좋은 일을 하고자 했던 나는 노력한 보람도 없이 일이 수포로 돌아가자 씁쓸했다. 좋은 일을 하고자 하는 마음이 제대로 결실을 맺으려면 상대의 마음까지도 깊이 헤아려야 한다는 것을 알게 되었다.

블라도와의 교감

내 차를 운전해주던 첫 번째 기사가 그만두는 바람에 새 기사가 필요했다. 그때 들어온 사람이 블라도다. 나보다 다섯 살 아래인 블라도는 유쾌하고 밝은 성격에 장난치길 좋아하는 사람이었다. 그는 틈만 나면 직원들과 농담을 주고받았고, 가끔 음담패설을 늘어놓으며 낄낄거렸다. 특히 그의 몸개그가 엄청나게 웃겼는데, 거의 짐 캐리 수준이어서 직원들이 배를 잡고 웃었다.

● 블라도와 함께했던 장미축제에서 민속의상을 입은 불가리아 남자들

우리 아이들이 블라도가 운전하는 차를 종종 타곤 했는데, 엄청나게 웃겨주는 블라도 아저씨를 무척이나 좋아했다. 그 역시 워낙 아이들을 예뻐하는 편이라 딸들과 잘 놀아주었다.

그런 장점에도 불구하고 나는 블라도가 썩 마음에 들지 않았다. 운전기사는 좀 차분하고 신중한 사람이 좋은데, 너무 가볍고 경솔하다고나 할까? 저러다 언젠가 일 내지 싶었다.

그러던 어느 날 식품박람회 건으로 영업과장 젤류와 블라도, 나, 이렇게 셋이서 지방 도시를 다녀오게 됐다. 박람회를 마치고 소피아로 돌아오는데 보슬비가 내리기 시작했다. 그런데 블라도가 시속 140km가 넘게 속도를 냈다. 우리가 달리던 고속도로는 한쪽이 가파른 낭떠러지라 위험했다.

"속도 좀 줄이죠. 비도 오는데."

"예."

한동안은 내 말대로 속도를 줄이더니 잠시 후 다시 속도를 냈다. 원래 좀 밟는 걸 좋아하는 속도광이었다. 속도를 줄이라고 다시 말했지만 한 귀로 듣고 한 귀로 흘리는 것 같았다.

그때 갑자기 차가 미끄덩하며 휙 튕겨 나가더니 고속도로 가장자리 난관을 쾅쾅 들이받으며 에어백이 터졌다. 5초 정도의 짧은 순간에 '아, 이렇게 죽는구나.' 하는 생각이 스치면서 기도했다 '주여~!'

잠시 후 정신을 차리고 보니, 살아있다는 느낌이 들었다. 어디 다친 곳은 없는지 몸을 조심스레 추스르며 터진 에어백 사이를 비집고 차 밖으로 나왔다. 고속도로 옆에 야생동물의 진입을 막기 위한 철망이 세워져 있었는데, 자동차가 낭떠러지로 떨어지기 직전 그 철망이 자동차 바퀴를 감아 차가 대롱대롱 매달린 상태였다. 그걸 보고 정말이지 아찔했다. 그 철망에 걸리지 않았다면 가파른 낭떠러지 아래로 추락하고 말았을 것이다.

자동차는 수리가 불가능할 만큼 전파되어 있었다. 블라도와 젤류는 온몸에 쏟아진 자동차 유리 조각들을 툭툭 털어내고 있었는데, 가벼운 찰과상 정도만 입었을 뿐 멀쩡했다. 나 역시 유리 조각에 긁

혀 피가 조금 흘렀을 뿐 큰 상처는 아니었다.

교통경찰이 급파되어 사고 현장을 수습하는 걸 보다가, 소피아에서 한국 식당을 운영하는 남동생에게 차를 가져오게 해 집으로 돌아갔다.

구사일생으로 살아난 게 믿기지 않아 얼떨떨한 가운데, 여전히 퍼렇게 질린 얼굴로 거실 문을 열고 들어섰다. 아내와 아이들이 치킨을 먹으며 TV를 보고 있었고, 뭐가 그리 재밌는지 깔깔 웃었다. 나는 사고로 죽음 직전까지 갔다 왔는데 가족들은 아무 것도 모르고 편안하게 치킨을 먹고 있다니. 뭐랄까, 인생의 아이러니를 느낀 순간이었다.

그런데 며칠 뒤, 블라도가 사표를 냈다.

"사고를 내서 정말 죄송합니다."

블라도의 과속 운전 때문에 사고가 나서 보험처리를 해도 큰 손실을 입을 수밖에 없는 상황이었다. 그게 미안했는지 그는 한동안 내 얼굴을 제대로 못 쳐다봤고, 고민 끝에 결국 사직서를 낸 거였다. 그런 그를 보고 마음이 안 좋았다. 그의 빠듯한 살림살이를 대충 알고 있었는데, 일을 그만두면 당장 큰 어려움이 예상되었다.

"이 사표는 안 받은 걸로 할게요."

그는 내 말에 놀란 듯했다.

"지난 번 같은 실수, 앞으로 다시는 안 하겠다고 약속해요. 내가 바라는 건 그거밖에 없어요."

한동안 나를 물끄러미 쳐다보더니 앞으로는 조심하겠다고 약속했다.

내가 자신을 탐탁지 않아 한다는 걸 그도 알고 있었기에, 그동안 우리 둘 사이엔 어색한 거리감이 있었다. 사장인 나를 그저 형식적으로 대하며 내 앞에서만 열심히 일하는 척 할 때도 있었다. 그런데 실수를 덮어주고 다시 한 번 기회를 준 게 고마웠는지 그때부터는 나를 진심으로 대하기 시작했다. 나와의 약속을 지키기 위해 운전을 할 때도 더 조심했다.

그러자 나 역시도 마음을 열게 됐고, 사장과 기사를 넘어 친구처럼 지냈다. 완전히 내 편이 되어버린 블라도는 직원들이 내 흉을 볼 라치면 적극적으로 나를 변호했다. 그러다 회사에서 따돌림당하진 않을까 심히 걱정될 정도였다.

불가리아에서 회사를 경영하며 문화적인 차이와 언어의 장벽 때문에 힘든 적이 많았다. 불가리아에 대해 아무리 많이 알아도, 불가리아어를 아무리 잘 구사해도 나는 불가리아 사람이 아니다. 때문에 그들만이 알 수 있는 미묘한 뉘앙스를 놓치기 쉽다.

이런 문제가 사업을 할 때 장애 요소로 작용했다. 불가리아 직원들과 대화할 때, 대개는 불가리아어를 썼지만 아주 중요한 사항을 얘기할 땐 정확을 기하기 위해 영어를 써야만 했다. 그런데 자꾸 그러다보니 뉘앙스를 포착할 기회가 줄어들었다.

그런 미묘한 뉘앙스를 조금이나마 이해하게 해 준 사람이 바로 블라도였다. 그와 친밀한 대화를 나누고 깊이 교감하면서 문화적인, 그리고 언어적인 차이를 좁힐 수 있었다.

블라도와 나는 서로의 가족들과도 같이 어울리며 친하게 지냈다. 가끔 토요일에 사무실에 나가 일하고 있으면 그가 아들인 보비와 니키를 데리고 들르곤 했다. 그러면 나는 아이들에게 컵라면을 끓여주고 함께 놀아주었다.

우리 회사가 맘에 들었던지 어느 날 보비가 말했다.

"나중에 어른이 되면 여기서 일할래요."

"정말?"

"네. 그래도 돼요?"

보비를 놀려주려고 일부러 난감한 척 말했다.

"글세… 우리 회사는 아무나 들어오는 데가 아닌데. 공부 열심히 해서 훌륭한 사람이 되지 않으면 힘들걸?"

"저 공부 열심히 할 거에요. 그럼 되죠?"

눈을 반짝이며 대답하는 보비가 그렇게 귀여울 수 없었다.

그러던 어느 날, 블라도가 갑자기 몸이 아프다며 병원에 입원했다. 건강한 줄만 알았는데 무슨 일인가 싶어 당장 병원으로 달려갔다. 밝고 유쾌하기만 한 그가 병상에서 몹시 고통스러운 얼굴로 나를 맞았다. 한눈에 보기에도 상태가 심각한 것 같았다. 그의 아픈 몸에 손을 얹고 위로하며 꼭 나을 수 있게 해달라고 기도했다. 기도가 끝나자 고통스런 가운데서도 블라도가 예의 그 밝은 미소를 애써 지어보였다.

그런 내 기도에도 불구하고, 그는 심장마비로 갑작스레 세상을 떠났다. 혈전이 심장으로 가는 동맥을 막아서 심장마비가 일어났다고 했다. 나중에야 안 사실이지만, 그 병원에서는 뒷돈을 써야만 환자를 좀 더 신속하게 봐준다고 했다. '그걸 미리 알았더라면 내가 어떻게든 손을 썼을 텐데. 그럼 죽지 않고 살아있을 텐데.' 하는 생각에 마음이 찢어질 듯 아팠다.

장례식 날 입관 준비를 하는데 막 냉동고에서 나온 그의 시신이 무섭도록 차가웠다. 얼마 전까지만 해도 피가 돌고, 따뜻하던 손이 차갑게 식어 있었다. 흔히들 "숨이 코끝에 붙어있다."라고 말하는데, 말 그대로 사람의 코끝에 손을 갖다대 보면 삶과 죽음의 차이를 확연히 알 수 있다. 블라도의 차가운 코끝에서는 아무 것도 느껴지지 않았다.

가장인 그가 죽자 미망인과 두 아들은 생계가 막막해졌다. 나는 블라도의 아내가 소피아에 있는 한국 회사에 취직할 있도록 도움을 주었다. 그리고 남은 가족들이 자리를 잡기까지 2년여 동안 생활비를 얼마간 지원했다. 그러나 돈이 전부는 아니었다. 아빠를 몹시 따르던 보비와 니키는 슬픔으로 위축돼 보기에도 안쓰러웠다. 내가 블라도를 대신할 수는 없지만 시간이 날 때마다 아이들을 만나 맛있는 것도 사주고, 같이 놀아 주었다.

내가 불가리아를 더 잘 이해하고 사랑하게 만들어준 친구, 10년이라는 세월을 동고동락한 친구, 블라도의 명복을 빈다.

처음 불가리아에 왔을 때는 사업만이 목적이었고, 3년 안에 사업을 할 종잣돈이 마련되면 다시 한국으로 돌아가 내 꿈을 펼치리라 마음먹었다. 그러나 사람의 인생이란 것이 애초에 마음먹은 대로 흘러가지 않듯이, 다 포기하려고 돌아가려던 순간 마지막 투지를 불태우며 발길을 돌렸다.

그런데 나 자신의 투지나 오기 외에도 나를 불가리아에 눌러 앉힌 것이 있었으니, 그것은 바로 이곳 사람들과의 소중하고 아름다운 인연이다. 루치와 블라도, 크라시, 제레프와 다니엘라, 그리고 에트로폴레 양로원의 바실라 할머니와 페트라 할머니, 베젤린 할아버지…. 우여곡절도 많았지만 그들이 있어 내 인생이 더 풍요롭고 아름다울 수 있었다고, 그래서 불가리아를 더욱 사랑하게 되었다고 말하고 싶다.

● 에필로그

더 큰 도약을 준비하며

'미스터 팍' 브랜드를 개발한 직후 40피트 컨테이너 두 개 분량의 라면을 불가리아 시장용으로 주문한 적이 있다. 그런데 컨테이너가 실린 선박이 항해 도중 원인 모를 화재로 피해를 입었다. 선주는 화재보험만으로 피해보상이 어려워지자 화재 피해가 없는 배 안의 컨테이너 모두들 압류했고 라면 컨테이너 역시 거기에 묶이게 됐다. '미스터 팍' 라면사업이 시작부터 난관에 부딪힌 것이다.

하나님의 기업을 일구겠다고 정성껏 기도하며 준비한 사업인데, 왜 이런 일이 일어났을까? 그동안 사업을 하면서 수천 대의 컨테이너를 수출하고 수입했지만 아무런 문제가 없었고 화재가 나 물건이 압류될 확률도 극히 적었다. 더구나 그렇게 열심히 기도하며 준비한 사업은 이번이 처음인데 왜 하나님은 내게 이런 시련을 주셨을까?

하나님의 뜻을 헤아리기 위해 매일같이 새벽 기도를 하고 묵상을 하던 어느 날, 기도 중에 하나님의 음성을 세 번 들었다.

"나는 네 하나님이다."

"나는 네 하나님이다."

"나는 네 하나님이다."

그 다음 날, 전에 섬유원단 사업을 할 때 거래하던 바이어로부터 2년 만에 전화가 왔다. 섬유원단 사업을 그만두면서 정리하지 못한 악성 재고물량이 창고에 쌓여 있었는데 그걸 모두 구매하겠는 것이었다. 골치 아픈 재고물량을 일시에 처분해 창고가 깨끗이 비워지고 생각지도 못한 판매 수입까지 생기자 기분이 좋았다. 그런데 생각해 보니, 재고원단 판매 금액이 불타버린 선박에 묶여 있는 미스터 팍 라면 컨테이너의 금액과 일치하는 게 아닌가?

왜 '미스터 팍' 라면사업의 시작부터 그런 혹독한 시련을 주셨을까 의아해하던 나는 그제서야 깨달았다. 하나님의 진정한 기업으로 거듭나려면 모든 일에 하나님의 절대적인 주권을 먼저 인정해야 한다는 것을.

우리 회사 홈페이지를 보면 첫 페이지에 이런 문구가 있다.

"Pray as if everything depends on God, work as if everything depends on you." (모든 일이 하나님께 달려있는 것처럼 기도하고, 모든 일이 당신에게 달려있는 것처럼 일하라.)

내 인생의 목적은 무엇일까, 그 방향성에 대해 고민하며 방황도 참 많이 했지만, 이제는 목적이 분명해졌다. 하나님의 사람으로서 불가리아에 공헌하는 것이 내 삶의 목표이며 위의 문구가 내 좌우명이다. 지금까지 불가리아에서 사업을 하며 이루어 놓은 작은 스프링보드를 발판으로 더 큰 도약을 준비하며, 하나님의 사람으로서 험한 바다를 꿋꿋이 헤쳐나갈 것이다.

2010년 4월 불가리아 소피아에서

박 종 태

 일진제약 (주)

眞品 名品
최고급 야생 블루베리의 眞品 중의 名品
백두산 야생 블루베리
원액 100% 출시

神이 내린 선물의 최고 名品, 일진 백두산 야생 블루베리 골드

일진제약(주) **백두산 야생 블루베리 골드**는 백두산 2,500m 고지에서 자생하는 야생 블루베리의 열매와 잎, 씨를 채취하여 3개월간 숙성시킨 100% 원액 그대로를 들여와 일진제약의 품질 높은 시스템으로 살균, 포장하여 가공한 블루베리의 **최고의 명품**입니다.

- 제품명: 백두산 야생 블루베리 골드
- 원산지: 북한산
- 원료 및 함량: 야생 블루베리원액100%
- 제조원: 일진제약(주)

언론이 극찬한 푸른빛의 기적, **블루베리**

미국 시사주간지 "타임"지에 토마토, 시금치, 호두 등과 함께 "10대 슈퍼 푸드"로 선정된 블루베리는 "신이 내린 선물" 이라고 불릴 만큼 인체에 꼭 필요한 영양소를 다량 함유한 천연 종합 영양제이다.
KBS 생로병사에도 소개된 블루베리는 핀란드, 일본 등 장수 국가에서 즐겨먹는 과일로서, 특히 야생 블루베리의 희소가치가 높아 구하기 힘든 식품으로 알려져 있다. 국내에는 야생 블루베리가 유일하게 북한 백두산 고산 지대에서만 자라고 있다.

야생 블루베리, 왜 좋은가

1. 안토시아닌 함유량 재배종의 5배
항산화물질인 안토시아닌 성분은 인체내에서 항산화 작용을 통해 세포 보호, 면역력 강화, 노화방지를 돕는다. 야생종은 안토시아닌 성분이 재배종보다 무려 5배나 많다.

2. 시력보호 효과 입증
블루베리는 눈의 망막세포인 로돕신의 재합성을 도와 눈의 피로를 막고 시력보호에 탁월한 효과가 있다.

- 눈이 침침하고 쉽게 피로해지시는 분
- 눈 영양이 필요한 성장기의 어린이
- 눈물이 자주 흐르고 눈곱이 자주 끼시는 분
- 장시간 컴퓨터 사용으로 눈의 보호가 필요한 직장인

일진 백두산 야생 블루베리 골드의 특징

1. 북한 천연기념물 제 461호
북한에서 천연기념물로 보호하고 있으며 2000년 남북정상회담 만찬 때 이것으로 만든 술이 건배주로 쓰여 더욱 유명합니다.

2. 무첨가물, 무방부제, 무색소의 100% 천연 원액
해발 2500M 험난한 고산 지대에서 자란 열매를 채취, 현지에서 숙성시켜 100% 원액만을 그대로 추출하였습니다.

3. 가격, 품질, 맛, 효능, 건강의 오감 만족
야생 블루베리 천연의 맛과 효능을 일진제약의 엄격한 품질시스템으로 만들어 누구나 믿고 먹을 수 있는 최고의 건강식품입니다.

www.sspark24.com

일진제약(주) 100% 야생 블루베리 원액으로 만들었습니다.
※공휴일에도 상담가능합니다. ※불만족시 100% 환불보장

상담 및 구입문의
1588-1161